尋古傳今

武冈摩崖石刻档案

编纂 刘金涛

中南大學出版社
www.csupress.com.cn
长沙

图书在版编目(CIP)数据

寻古传今：武冈摩崖石刻档案/刘金涛编纂. —长沙：中南大学出版社，2017.4

ISBN 978-7-5487-2769-9

Ⅰ.寻... Ⅱ.刘... Ⅲ.摩崖石刻-介绍-武冈 Ⅳ.K877.49

中国版本图书馆 CIP 数据核字(2017)第 074513 号

寻古传今——武冈摩崖石刻档案

XUNGU CHUANJIN——WUGANG MOYA SHIKE DANGAN

刘金涛　编纂

□责任编辑　陈应征
□责任印制　易红卫
□出版发行　中南大学出版社
社址：长沙市麓山南路　　邮编：410083
发行科电话：0731-88876770　　传真：0731-88710482
□印　　装　湖南鑫成印刷有限公司

□开　　本　787×1092　1/8　□印张 20.5　□字数 492　□插页
□版　　次　2017 年 4 月第 1 版　□2017 年 4 月第 1 次印刷
□书　　号　ISBN 978-7-5487-2769-9
□定　　价　368.00 元

序 一

拓片里的厚重人文

武冈曾名都梁，乃湖湘文化重镇。西汉文、景年间（公元前179——公元前141年）置武冈县，隶长沙郡。汉武帝元鼎六年（公元前111年）改武冈县为都梁县，隶零陵郡。三国吴宝鼎元年（公元266年）复名武冈县，隶属昭陵郡。此后，为军、为路、为府、为州、为县、为市，迄今已有2200余年建制史。考察武冈人文积淀，可以发现有五大历史因缘对这里人文景观的造就影响深远。

一是都梁侯国的分封。汉武帝元朔五年（公元前124年）封长沙定王之子刘遂为都梁侯，侯府设今武冈城郊七里桥，历时131年。二是朱明王城的世袭。明成祖永乐二十一年（公元1423年）十月，朱元璋第十八子岷王朱楩从云南改封武冈州城，建王邸，世袭14代，历时232年。三是道教福地的确立。秦朝时，卢、侯二生在云山炼丹，云山为道家七十二福地之六十九福地，道教经典均有明确记载，名道士，大道场，至今遗风流韵广播遐迩。四是平民教育的肇兴。因力行平民教育而与爱因斯坦同获『现代具有革命性贡献的十大伟人』称号的晏阳初先生所创立的衡山乡村师范学校即后来的武冈师范，为湘西南文化教育的昌明与发展打下了良好根基。而百年树人的武冈师范也是我国现存的唯一一处晏阳初平民教育基地。五是抗战文化的昌盛。1938年，中央陆军军官学校武汉分校迁至武冈，更名为中央陆军军官学校第二分校。至1945年，该校共毕业学员23502人，办学时间之长和毕业学员之多，仅次于黄埔本部和西安的第七分校。由古侯国到古王城，由道教福地到海内平民教育基地、抗战教育基地，武冈作为湘西南政治经济文化中心名重一方。伴随这样的历史，历代众多官宦名流、文人雅士在此居留游历，各类物质、非物质文化项目在此生成遗存。屈原、陶侃、石达开、邓小平、艾青等人在此留下深深足迹。韩愈、柳宗元、欧阳修、王安石、王昌龄、文天祥、王世贞、王夫之等人为此写下千古诗文。众多帝王君侯如宋理宗及书法大师如何绍基等给它留下笔迹墨宝。邓绎、邓辅纶、潘应星、潘应斗等众多本地俊彦竞相涌现崛起。丝弦、阳戏、祁剧、民歌，纷呈异彩。卤菜、酱鸭、铜鹅、米花，竞发奇香。而那些古塔、古井、古道、古桥、古城墙、古文庙、古村镇，则让人流连而生思古之幽情。《都梁文钞》《都梁文钞今编》《武冈新韵》等典籍，就是对这些宝贵文化财富的描摹与见证。

在崇尚文化传承而传播手段极为有限的旧时代，历代文人墨客在此生发的思想与感慨，很多便以刻石铭碑、摩崖立柱的方式定格下来。于是，就有了这里的云山、法相岩、浪石古楹联村等规模较大的石刻文化景观，也就有了有识之士寻古传今萃集拓本精华的条件与可能。

武冈王城书画院掌门人刘金涛就是这样一位钟情传统文化传承、热心本土文化建设的有识者、有志者、有恒者。曾游学各地，成就很好的古籍古字画修复技艺的他，被家乡这片文化沃土感召，几年前定居古王城根下，精心打造为广大艺术家和人民群众提供优质服务的书画平台。当他看到如此人文厚重之地还没有一本摩崖石刻拓本汇集时，便毅然决定独立完成这一重要的文化工程。在最近的两三年里，他把大量的时间和精力都放在了这个工作上面。经过一个个地方的行走，一处处石刻的拓印，一张张图片的拍摄甄选，一句句释文的推敲审定，终于从数百件拓片中精选一百七十多幅而成此书。其中艰苦，非个中人难体察也。

『庭前无俗气，室内有余香。』这是刘金涛先生拓集的一幅石刻门联。我认为，他的书画事业，他的这一填补地域文化空白的行为，就是无俗气而有余香的文化善举。愿厚重的武冈人文进一步发扬光大，愿更多的人热爱和传播优秀的传统文化、地域文化，愿更多人向文化义士们投以致敬的目光。

是为序。

张千山　2016年国庆前夕于邵阳千山书房

（作者系中国文艺评论家协会会员，邵阳市文联主席）

序二

我们需要这样的精神

武冈，这个秦汉以来就成为建制县的古老土地上，人民创造了多少物质的、非物质的文化，而被传承、被保存下来的又有多少？甲天下的城墙毁得剩下不足十分之一，建于宋代的泗州塔在爆破声中轰然坍塌，同保岩如林的石刻大多尸骨无存，古城街巷别致的石板路、卵石路被置换成『铁板一块』的水泥路，古城众多的庙宇会所徒留其名。还有宗祠，还有古屋，这些曾经在城镇乡村见得太多的建筑，已然所剩寥寥……

武冈人一数起这些被毁的『家珍』，就痛心疾首。

优秀文化遗产是无价的。

谁能估量泗州塔的价值？谁能估量武冈城墙的价值？谁能估量法相岩摩崖石刻的价值？谁能估量浪石古民居的价值？……

也没有多少人想到，幸存下来的，还可能继续被损害、破坏。

是的，优秀文化遗产需要抢救，需要传承，有些是不可『再生』的啊。

石刻一类的优秀文化遗产，尤其需要抢救，因为它即使不遭到人为的破坏，风霜雨雪的侵蚀也会让它化为乌有。

刘金涛先生认识到这一点。他发挥自己的特长，尽自己的能力，来抢救石刻文化遗产。

这本拓片集，就是见证。

一辆小车，车内装着拓印的纸墨和工具，穿行于武冈城乡，拓印石刻。洗刷，裱纸，抹墨，把拓印好的纸揭下晾干。有时一天走几个地方。有时一待就是几天，请当地的老百姓协助，付给其劳务费，在其家吃住，从早忙到晚。当地老百姓没有不佩服的。野外的石刻，隐蔽的，他『披荆斩棘』地寻找；刻在高高的悬崖、石壁上的，他登梯而上，凌空作业。听说石羊资江段金钱湾的悬崖上有南宋嘉定年间的『石屋』，他租了一艘小木船，划到崖壁边，然后把长木梯安在崖壁边——木梯『吃水』两米，『石屋』离水面三米以上——船工兼向导问他，你敢上？他说，敢！万一掉下来，我会游水！他登上木梯，凌空临水作业。那是秋末冬初的一个阴天，朔风吹拂着他的长发，他不急不躁，一丝不苟地操作，让船工兼向导叹服不已。

做任何事情都要吃苦精神，都要一点不怕死的精神，都怕认真二字！

刘金涛先生基本上把武冈境内已经发现的石刻都拓印出来，并收集在这本《寻古传今——武冈摩崖石刻档案》里。它可以把这些聚文学、美术、书法、镌刻艺术于一体的优秀文化遗产长久地留传下去，它又可以让没有看过那些原物的人们一饱眼福。

武冈还有更多的物质的、非物质的文化遗产需要传承与保护。传承和保护的方法固然不是一样的，但需要具备的精神是一样的。人们的能力各有大小，但只要更多的人具备这种精神，武冈文化遗产的保护就大有希望，武冈文化就大有希望。

李良时　2016年11月

（武冈市原副市长，武冈师范学校原校长）

序三

镌刻『传今』原物——保护文化遗产

尽管早已知道武冈文化底蕴深厚，待看到刘金涛先生的拓片集《寻古传今——武冈摩崖石刻档案》，还是殊为惊异。《寻古传今——武冈摩崖石刻档案》拓印的，有法相岩和同保山、云山和双峰山的摩崖石刻、碑刻，有『中国楹联第一村』浪石古民居的楹联石刻，有武冈城乡其他一些地方的民居、祠堂、庙宇等建筑的楹联石刻、门楣石刻和墙刻，洋洋大观，深广厚重。翻阅、欣赏、品味，真是一次历史文化的盛宴。

武冈虽地处湘西南一隅，在大中华的版图上只是微不足道的一个小点，但武冈的历史进程，亦反映了大中华的历史进程。研读这本集子，可以领会到大中华的一些重要历史现象、重大历史事件和许多历史典实。云山的『秦人古道』蕴藏的先秦历史现象有：焚书坑儒、寻求长生不老之药、逃避暴政、修炼健身等等。东晋时陶侃始建的学宫、后世建成的孔庙前墙上的石刻，既浓缩着大中华源远流长的教育史实，又萦绕着大中华历史上勤政廉政、爱民重教之良臣的光环。同保岩北宋王安石所题的『砯岩』，让人联想起每一个历史阶段的改革是何等必不可少而又何等艰难。起始于宋代的法相岩的摩崖石刻，既见证着儒道佛三教是如此相融相合，亦诠释了封建分封制下的藩王的真实心态，多角度地反映了封建时代官员、知识分子的心路历程。透过云山和双峰山的佛碑，能直接读出佛教的发展史。浪石古民居的楹联，是大中华『耕读文化』史的直观体现。

在这本集子里，可以从各方面领略到大中华文化的风采。

首先是文学上的。法相岩摩崖上的诗歌，很多是意蕴丰厚、格调清雅的。南宋嘉定年间武冈州通判郑域有这样一首：『法相具诸相，宝方无定方。突兀虎豹立，嵌空蛟龙藏。入地转轮远，透天圆窦光。何人鉴混沌，掷弃官路傍。』借法相岩之景，抒官场不得志之情。岷藩五世雪峰有这样一首：『六月芙蓉生玉笋，三冬花乳长金莲。归来却忆桃源景，因为题诗壁上联。』意境高妙，志趣雅洁，『王侯』也有常人的情感。明代武冈本土人张继志是一个布衣，万历年间他的一首与别人的唱和诗很能看出其不求闻达的心态：『伐舆形胜拥方壶，花苇岩节即坦途。身世欲求闲处看，白云一半肯分无。』清光绪间都梁牧陈国仲有这样一首：『探幽结伴洞天中，石瘦峰危万木葱。独向荆榛寻古碣，断碑犹对夕阳红。』流露出一种怀旧的伤感。浪石古民居的楹联，文学上更是达到相当的高度。『廉泉让水高人宅，种柳栽桃学士门』，虚实结合，表达的是高雅志趣。『往来若乾坤旋地，出入如日月经天』，意境大气磅礴，表达的是坦荡胸怀。『三株玉树门前绕，五子经书室内香』，意象美，意境美，情趣高洁。从楹联的特点来说，浪石古民居和其他一些地方的楹联，对仗、平仄都是很合乎规范的。当然，也有一些或对仗不十分工整，或平仄不很讲究，我以为只要主旨好，不以词害意，同样是值得赞许的。

其次是书法上的风采。这本集子里的文字石刻，字体有隶书、楷书、行书、草书（包括章草、狂草），当然，更多的是书者自成一体，有自己的风格。清光绪《武冈州志》载，同保岩宋代王安石（半山）所题的『砯岩』，雄健劲拔，『笔力镌刻类山谷书』。（宋代黄庭坚自号山谷道人，『砯岩』二字与王、黄究竟有何关系，尚待考证。）法相岩宋代摩崖《金刚经》偈语，篆中带隶，超脱拔俗；法相岩宋代『四明楼钥书、郡守姜桐立』的『碧玉簪』，颜体为基而富变化，端庄稳重；法相岩清代徐芬的摩崖『洞开』柳体为基而更富机变，开阔、大气、潇洒；法相岩的多幅草书摩崖更是龙飞凤舞、纵横捭阖，一气呵成，可以想见书者书写时汪洋恣肆的神采。法相岩的一些镌刻，有些是称得上『三绝碑』的，如《金刚经》偈语、『碧玉簪』等。浪石古民居和其他一些地方的碑刻，亦各具特色，值得一提的是，浪石古民居的楹联有的还是清代著名书法家何绍基的手笔。双牌乡大坝村和钟桥村、马坪刘家祠堂、邓家铺镇沈家院子的楹联，都各有风格，都是当地读书人的手笔，『高手在民间』，一点也不假。

再次是美术镌刻上的风采。石刻楹联大都有边饰，门楣上的石刻除了文字也还有边饰，这些边饰大多是卍字线条、云纹、龙凤、花鸟虫鱼，石门槛两头的座石的前端，则是独立的图画，或龙凤，或花鸟，或蝙蝠，或麒麟，也还有边饰。这些镌刻，造型不落窠臼，刻工讲究，线条明快活泼，没有匠气。

刘金涛先生是拓印高手，这本集子里的拓片真实地『记录』了原物，阴刻的文字，竟然有凹下的感觉，阳刻的图画图案，也有凸起的感觉。拓片黑白分明，比原物更清晰，原物上一些认不出来的字，拓片上反而认得出来。

刘金涛先生把石刻的『大千世界』收于一册，我认为有两大意义。第一当然是供人欣赏。到过实地欣赏过那些镌刻的，翻阅这本集子，有『旧地重游』之欢，有旧友相晤之快；没到过实地的，翻阅这本集子，则会觉得来到一片新天地，有相见恨晚之感而禁不住去实地观赏。第二是有利于石刻的保存和传承。毋庸讳言，武冈境内，好多石刻都被毁掉了，留下来的，有些或许还会遭劫，而保存在这本册子里，就『安然无恙』而可传至永远了。

——黄三畅　2016年9月

（作者系乡土文化研究工作者）

目录

法相岩篇

法相岩，旧都梁十景之一，位于武冈市区东部之宝方山，与凌云塔隔江相望。『法相』为佛门中的一派别，称『法相宗』，佛经《大乘义章》曰『一切世谛，有为无为，通名法相』，取以名岩。

此地林壑优美，山势嵯峨，古木参天；其山之腹七洞相连，洞内怪石嶙峋，石笋钟乳，百态千姿。唐宋以来，名人骚客多留连于此。柳宗元、王安石等诸多名家都曾来此游览，于洞壑绝壁、林莽峰峦之间，留下无数墨宝，现存北宋至清名人题刻70余处，真、草、隶、篆、行诸体皆备，风格各异，与七洞古木相映成趣，争妍夺目。于史学、书法艺术均有不可估量的价值，其中最具有研究价值的有：

宋开禧三年（公元1207年）都梁郡幕吁江吴中所书《金刚般若》偈语四十字及观音岩石壁题刻特具典范，偈语为单字，字径为40~50cm的擘窠大字。隶中带篆，寓拙于巧、方正端严、雄强朴厚，熔艺术性与装饰味于一炉，为隶书中佳妙之品。

隶书于两汉间渐至高峰，自东汉后日趋衰败，至清代乾、嘉期间碑学兴起方始振兴。其间自魏、晋至明代600来年，箴秘不传，虽偶有传世者，亦只徒具形式，靡弱痴肥，于两汉之高古雄强相去甚远。然法相岩金刚经偈语及观音岩石刻，上承两汉之余绪，下启清代乾嘉碑学复兴，为两汉后1000余年间旷世佳构。唯其地处偏远，未为时贤发现推崇，以至湮没至今。

若以色見我
以音聲求我
是人行邪道
不能見如來
開禧三年丁卯歲長至日都梁郡幕盱江吳中書

南宋开禧三年（公元1207年）都梁郡幕盱江吴中书郡守吴越钱端恕命工镌芙蓉洞 金刚经偈语摩崖 366cmx188cm

一切有為法
如夢幻泡影
如露亦如電
應作如是觀

郡守吳試錢塘怨命工鐫于閬之山之平西洞口

花乳洞乳泉摩崖　　36cmx26cm

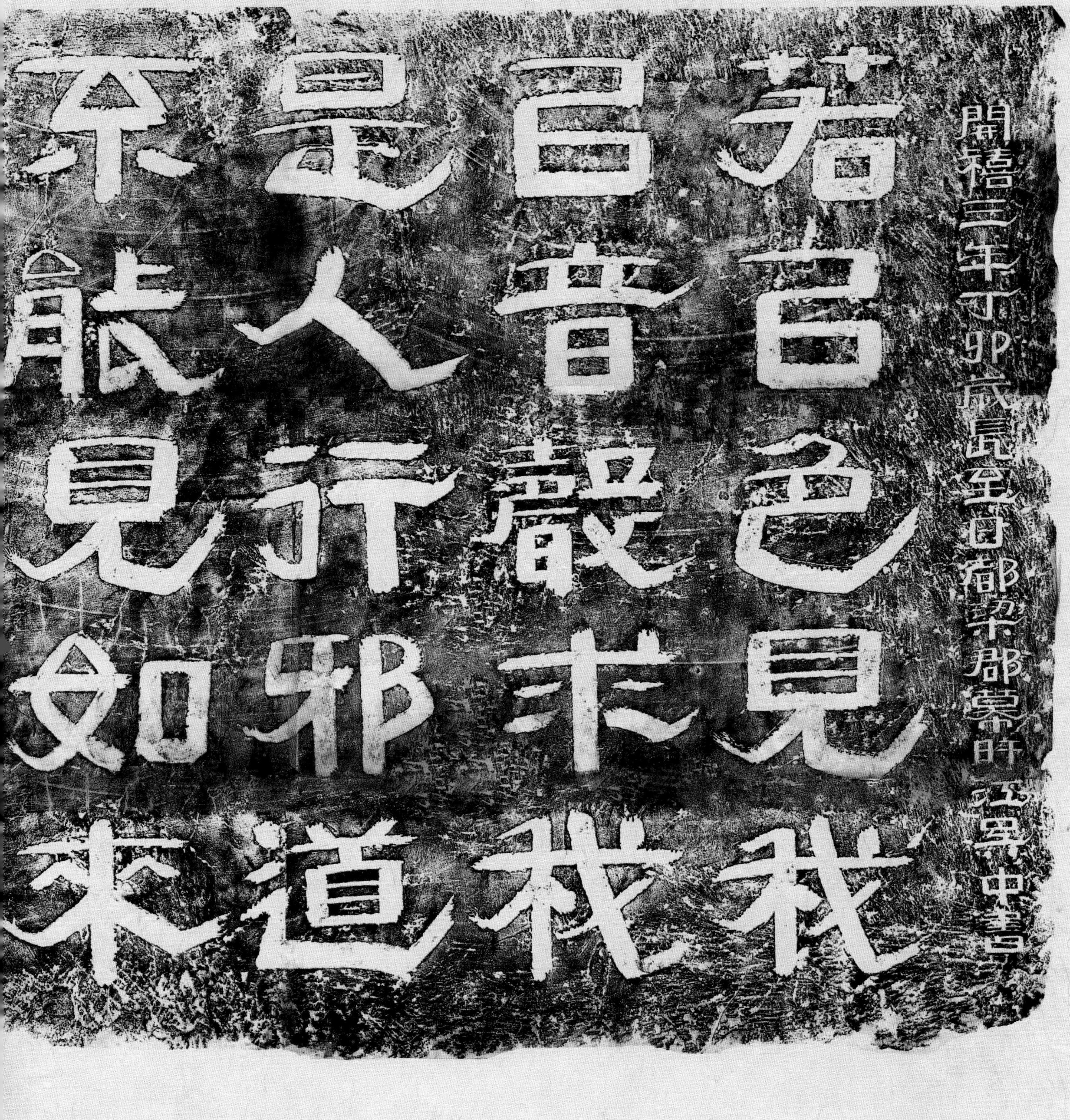

南宋开禧三年（公元1207年）都梁郡幕盱江吴中书郡守吴越钱端恕命工镌芙蓉洞 金刚经偈语摩崖　366cmx188cm

法相岩篇

法相岩，旧都梁十景之一，位于武冈市区东部之宝方山，与凌云塔隔江相望。『法相』为佛门中的一派别，称『法相宗』，佛经《大乘义章》曰『一切世谛，有为无为，通名法相』，取以名岩。

此地林壑优美，山势嵯峨，古木参天，其山之腹七洞相连，洞内怪石嶙峋，石笋钟乳，百态千姿。唐宋以来，名人骚客多留连于此。柳宗元、王安石等诸多名家都曾来此游览，于洞壑绝壁、林莽峰峦之间，留下无数墨宝，现存北宋至清名人题刻70余处，真、草、隶、篆、行诸体皆备，风格各异，与七洞古木相映成趣，争妍夺目。于史学、书法艺术均有不可估量的价值，其中最具有研究价值的有：

宋开禧三年（公元1207年）都梁郡幕吁江吴中所书《金刚般若》偈语四十字及观音岩石壁题刻特具典范，偈语为单字，字径为40~50cm的擘窠大字。隶中带篆、寓拙于巧、方正端严、雄强朴厚，熔艺术性与装饰味于一炉，为隶书中佳妙之品。

隶书于两汉间渐至高峰，自东汉后日趋衰败，至清代乾、嘉期间碑学兴起方始振兴。其间自魏、晋至明代600来年，箴秘不传，虽偶有传世者，亦只徒具形式，糜弱痴肥，于两汉之高古雄强相去甚远。然法相岩金刚经偈语及观音岩石刻，上承两汉之余绪，下启清代乾嘉碑学复兴，为两汉后1000余年间旷世佳构。唯其地处偏远，未为时贤发现推崇，以至湮没至今。

一切有為法
如夢幻泡影
如露亦如電
應作如是觀

郡守吳越錢端禮命工鐫于寶山之平西洞口

花乳洞乳泉摩崖　　36cmx26cm

花乳洞真法相摩崖　陈鼎　　　　70cmx30cm

明嘉靖十七年（公元1538年）观音洞诗摩崖　75cmx75cm

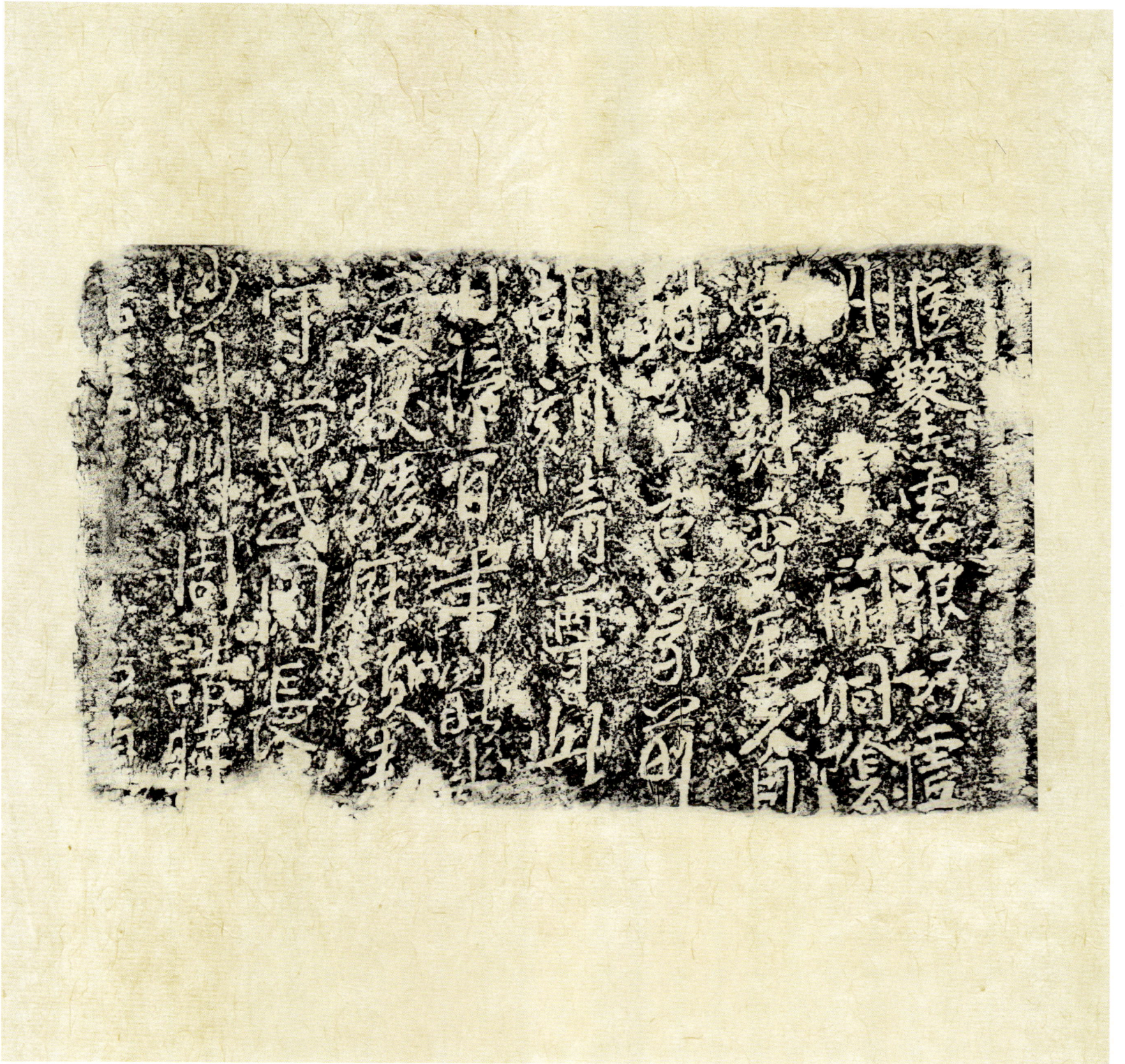

周诰观音洞诗摩崖　70cmx40cm

花乳洞洞开摩崖　90cmx48cm

徐芬 福建晋江人、贡生　崇祯元年（公元1633年）任武冈州同知升署丞

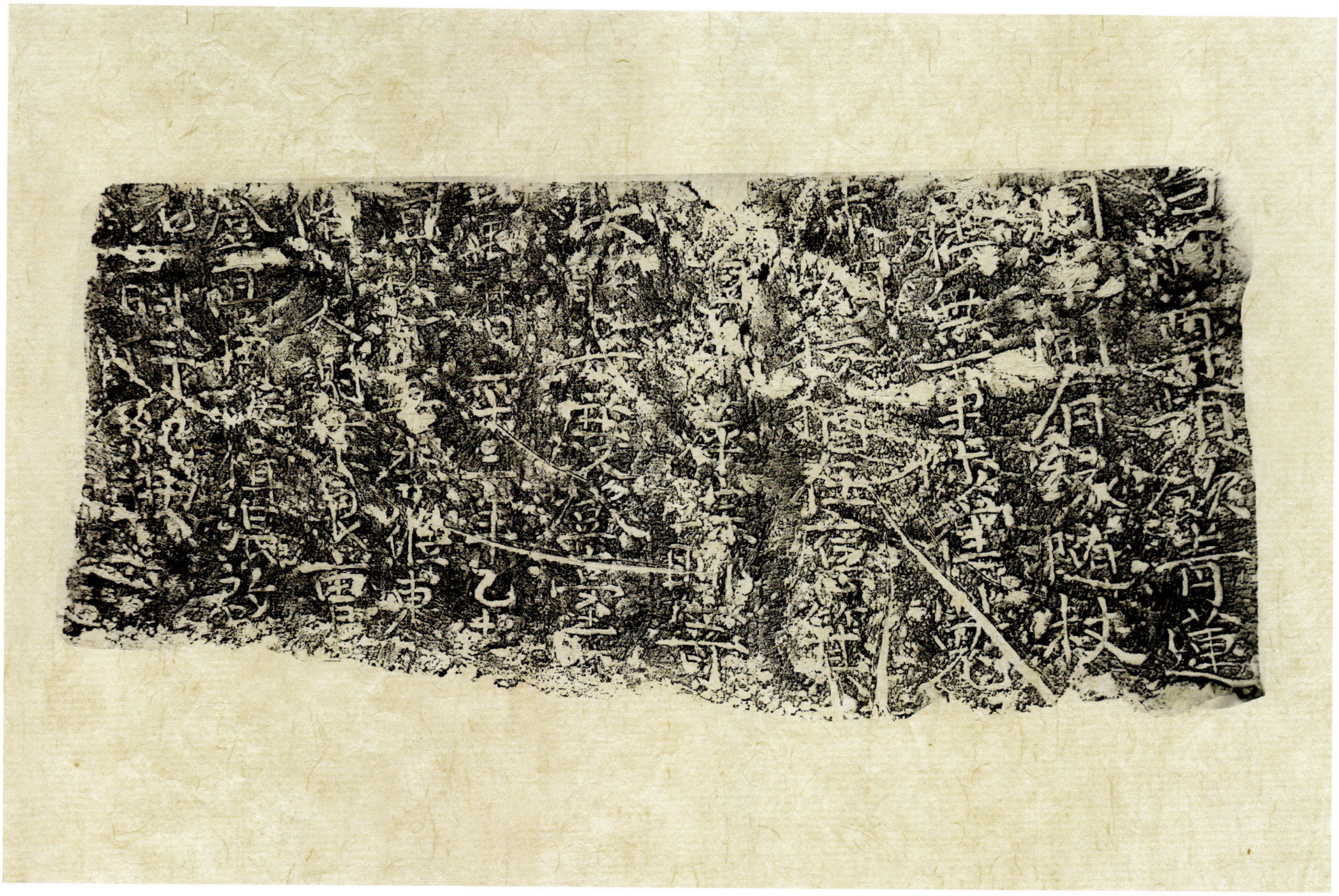

明万历二十三年（公元1595年）花乳洞诗摩崖　84cmx39cm

四明楼钥书、郡守姜桐立 碧玉簪摩崖　90cmx46cm
楼钥　南宋大臣、文学家　系姜桐的同乡、朋友

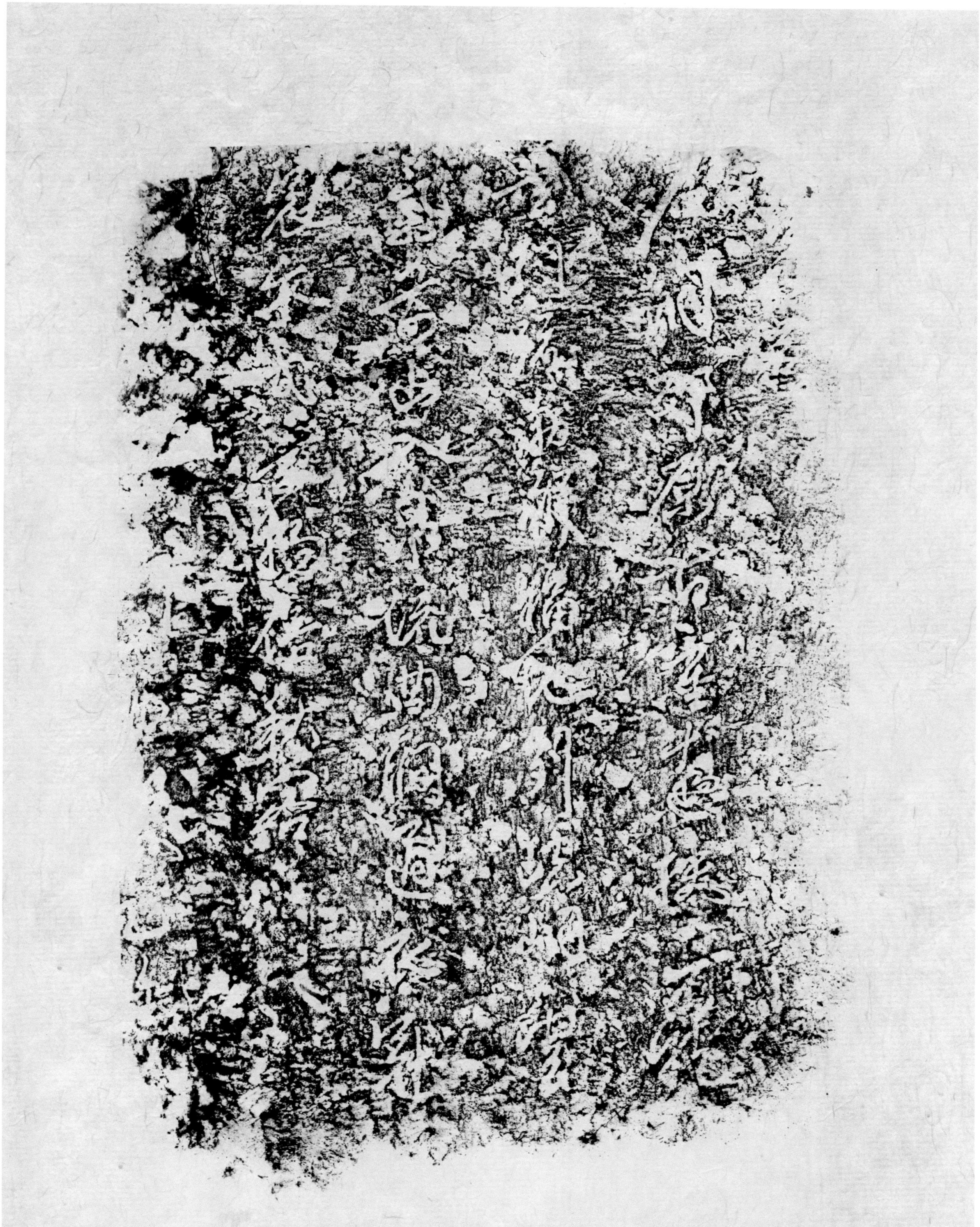

观音洞诗摩崖　70cmx48cm

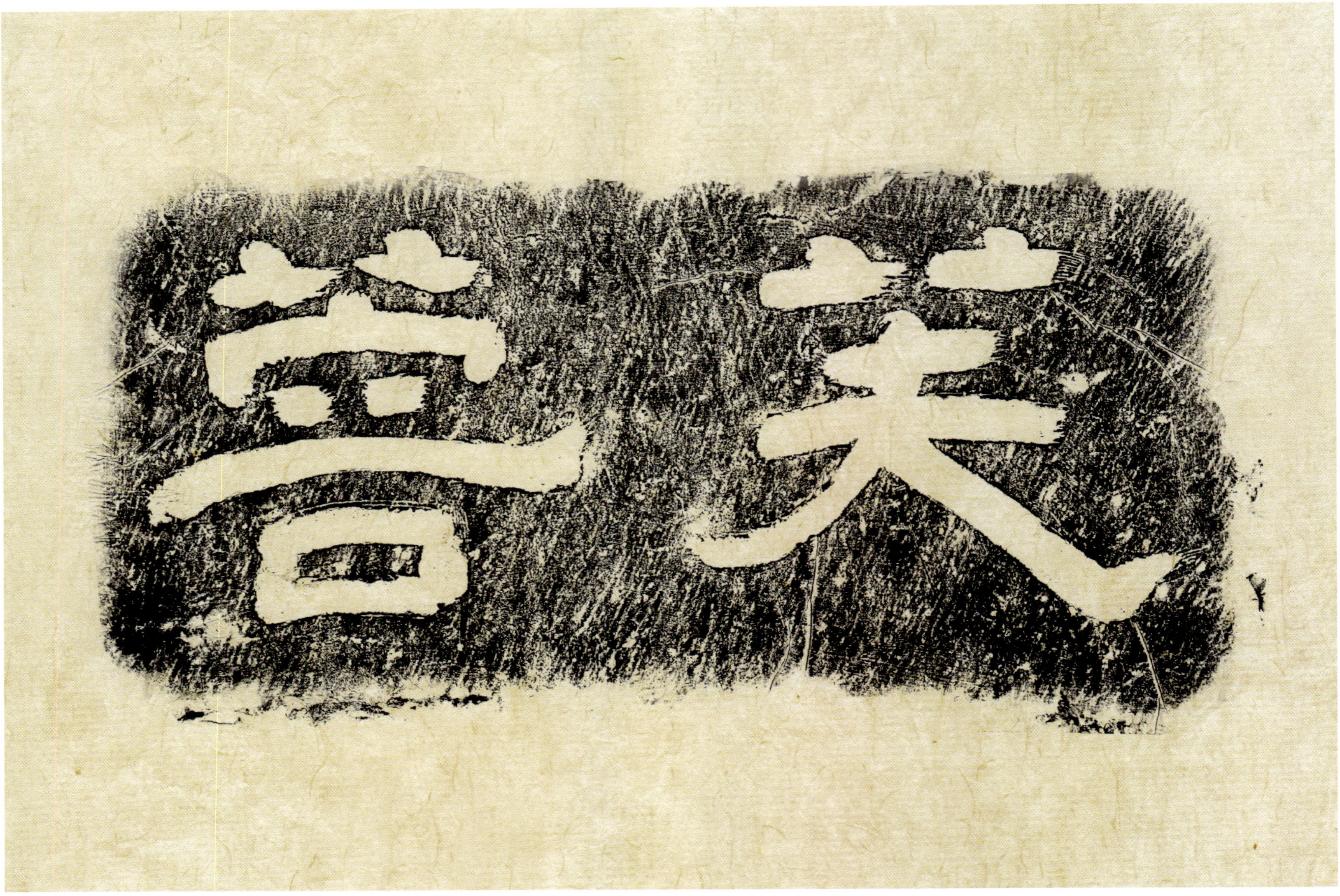

芙蓉洞芙蓉摩崖　93cmx43cm

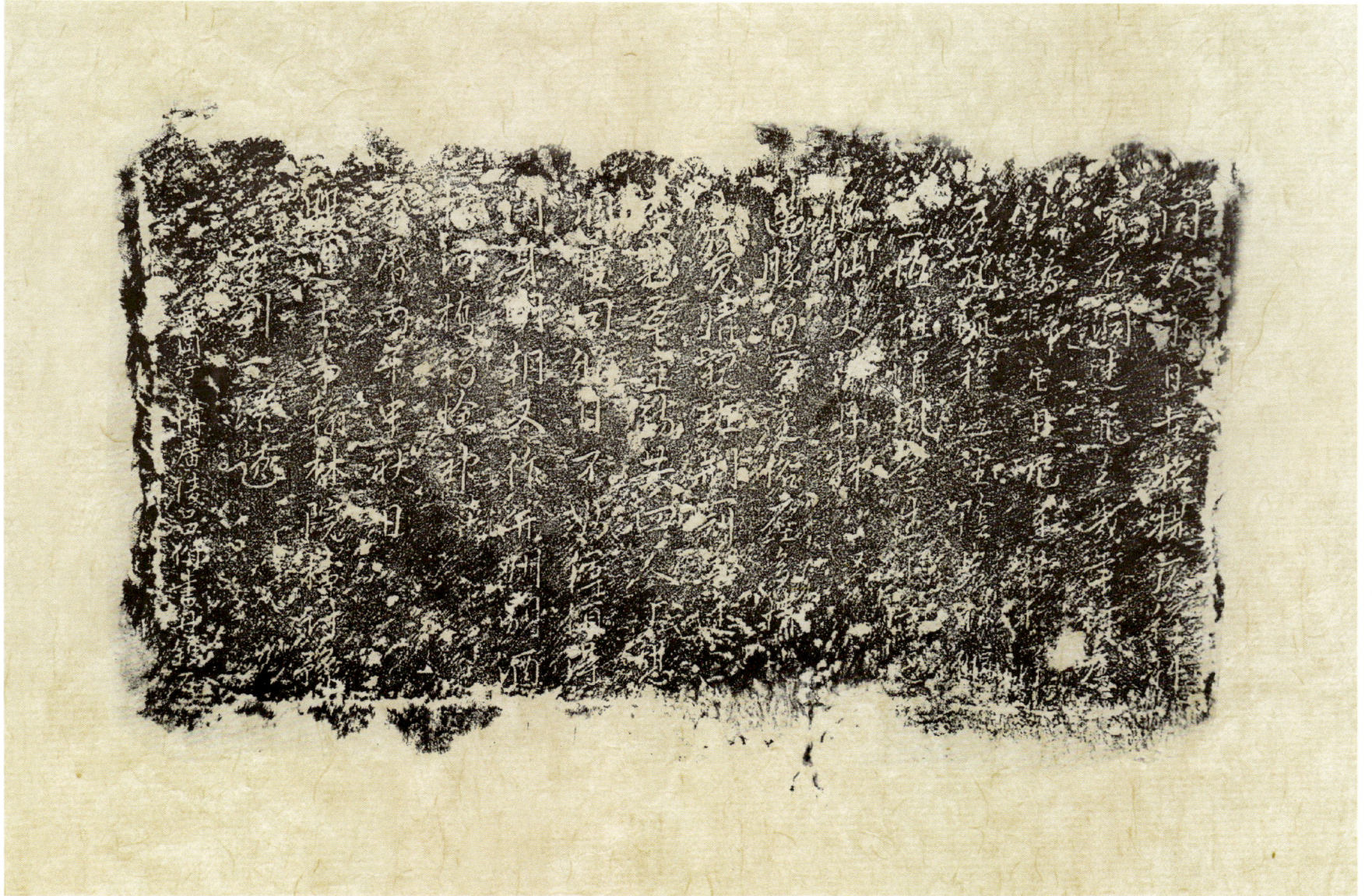

明万历三十四年（公元1606年）花乳洞诗摩崖　80cmx40cm

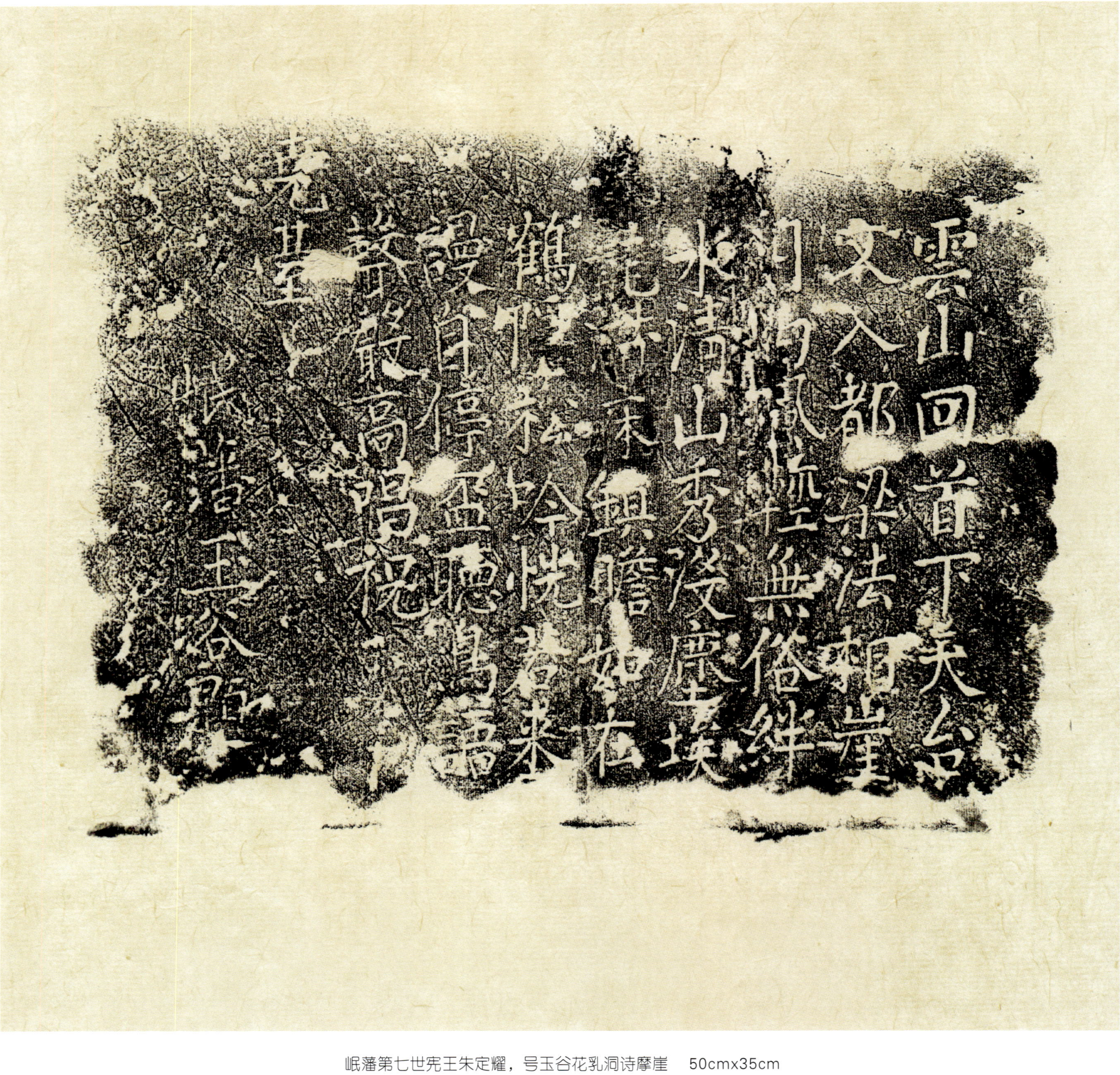

岷藩第七世宪王朱定耀，号玉谷花乳洞诗摩崖　50cmx35cm

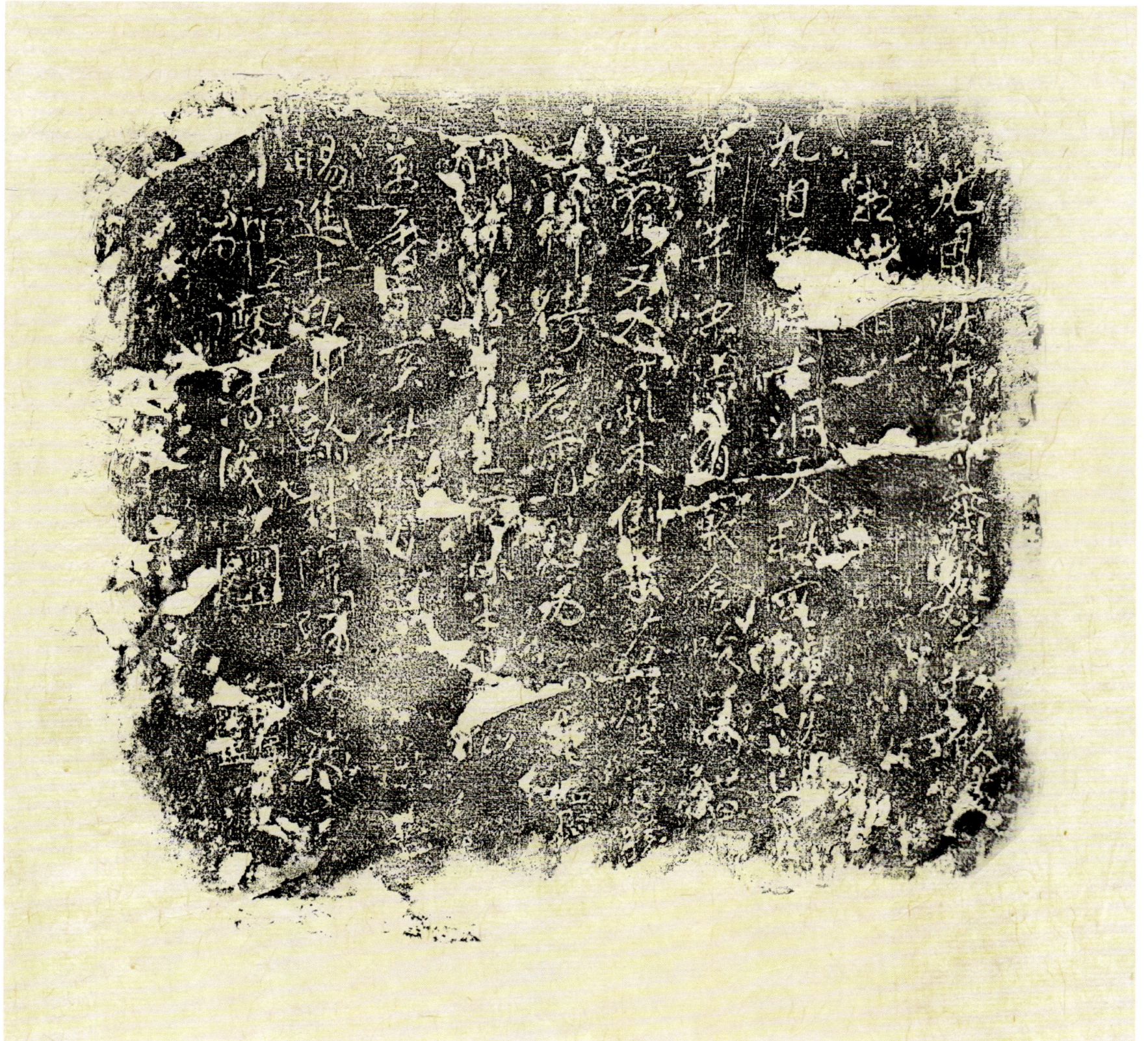

明万历十五年秋月（公元1587年）花乳洞摩崖　46cmx32cm

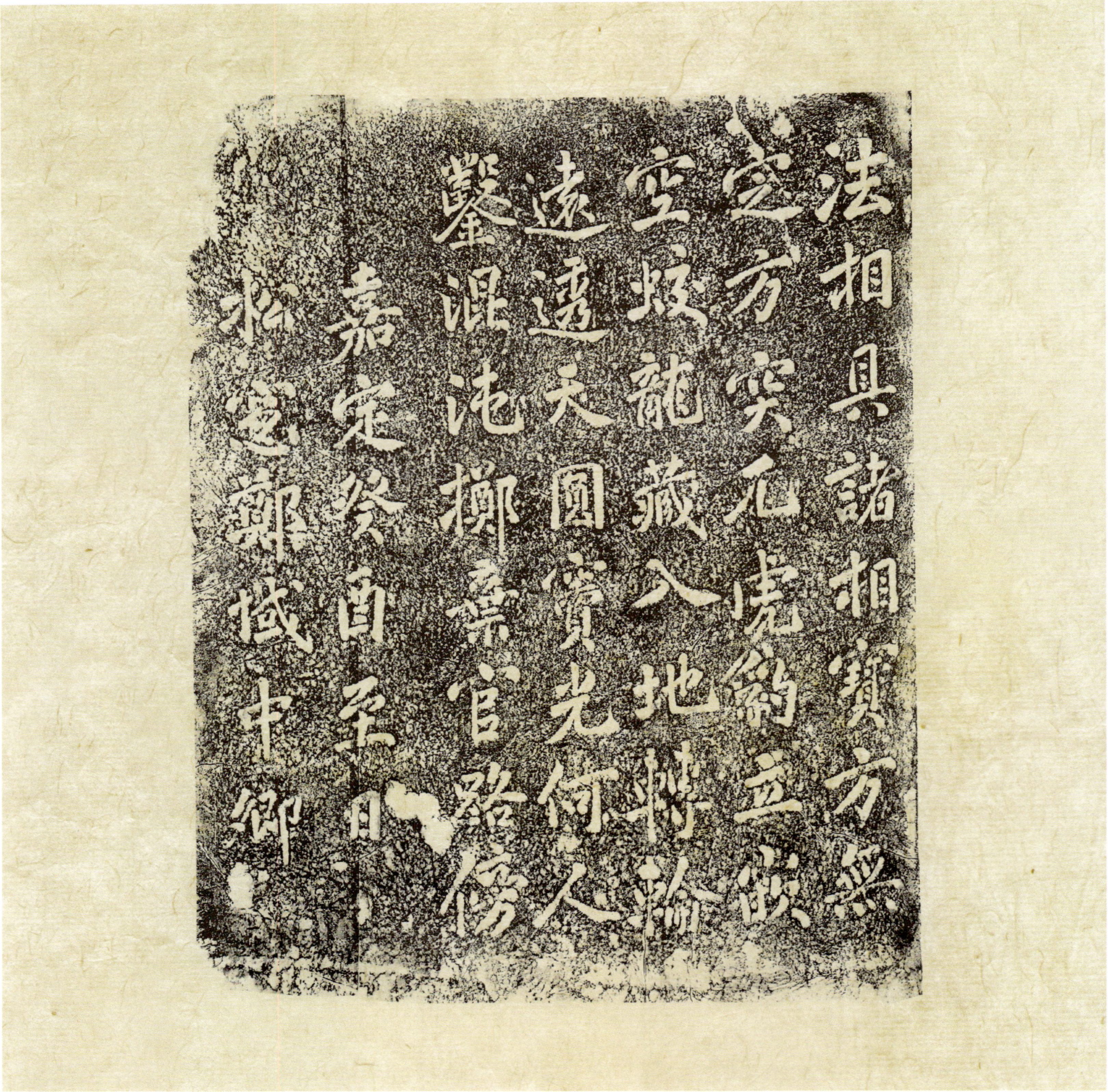

南宋嘉定六年（公元1213年）法相诗摩崖　83cmx66cm
郑域 南宋嘉定七年（公元1214年）任武冈军通判

清乾隆七年秋月（公元1742年）花乳洞诗摩崖　48cmx32cm

明正德十年（公元1515年）观音洞摩崖　118cmx48cm
右一首：晋陵高山主人吴闾作　左一首：守武冈高邮春溪子王翰和

明万历七年（公元1579年）花乳洞诗摩崖　113cmx33cm　许应祥

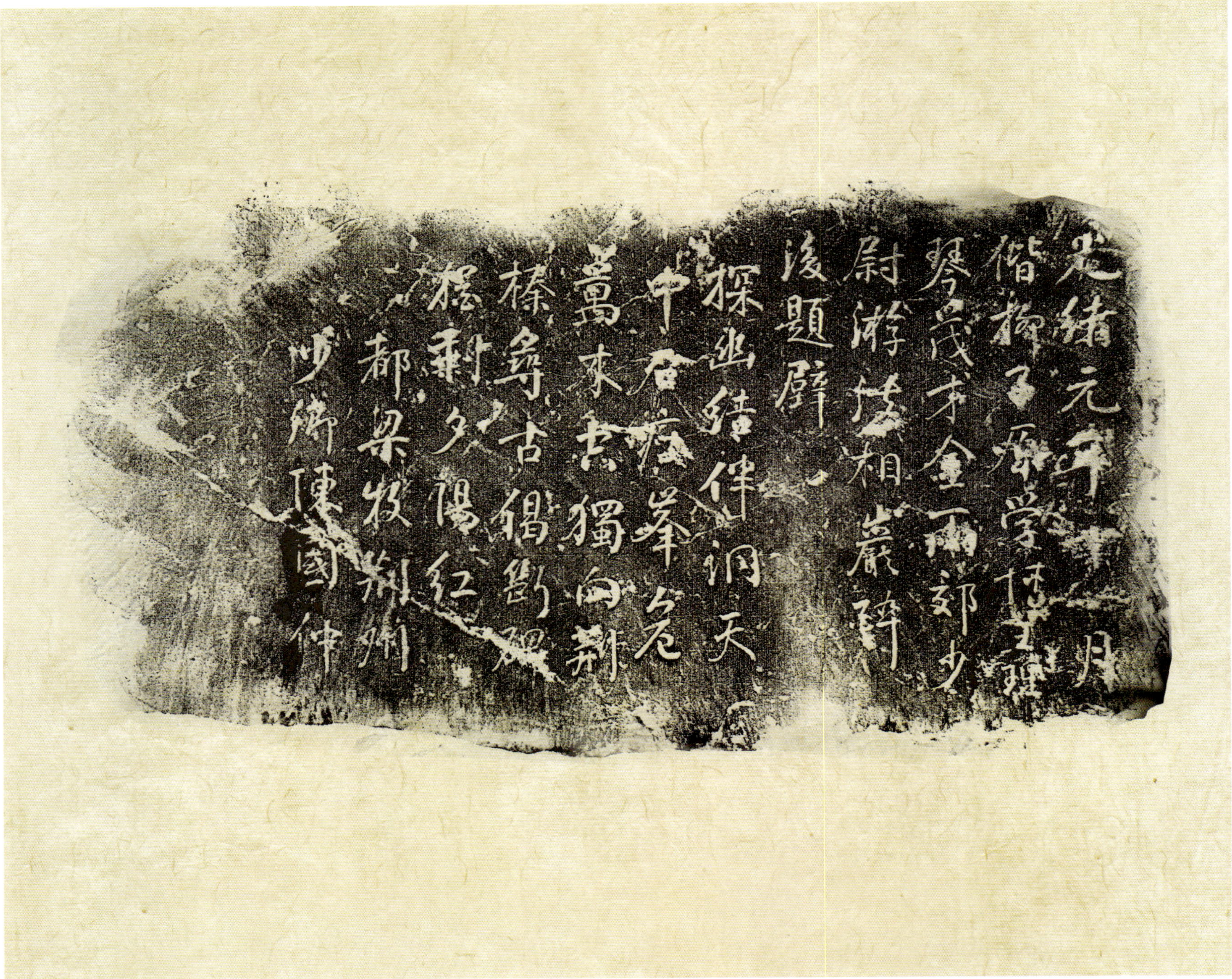

清光绪元年（公元1875年）花乳洞诗摩崖　52cmx30cm　陈国仲

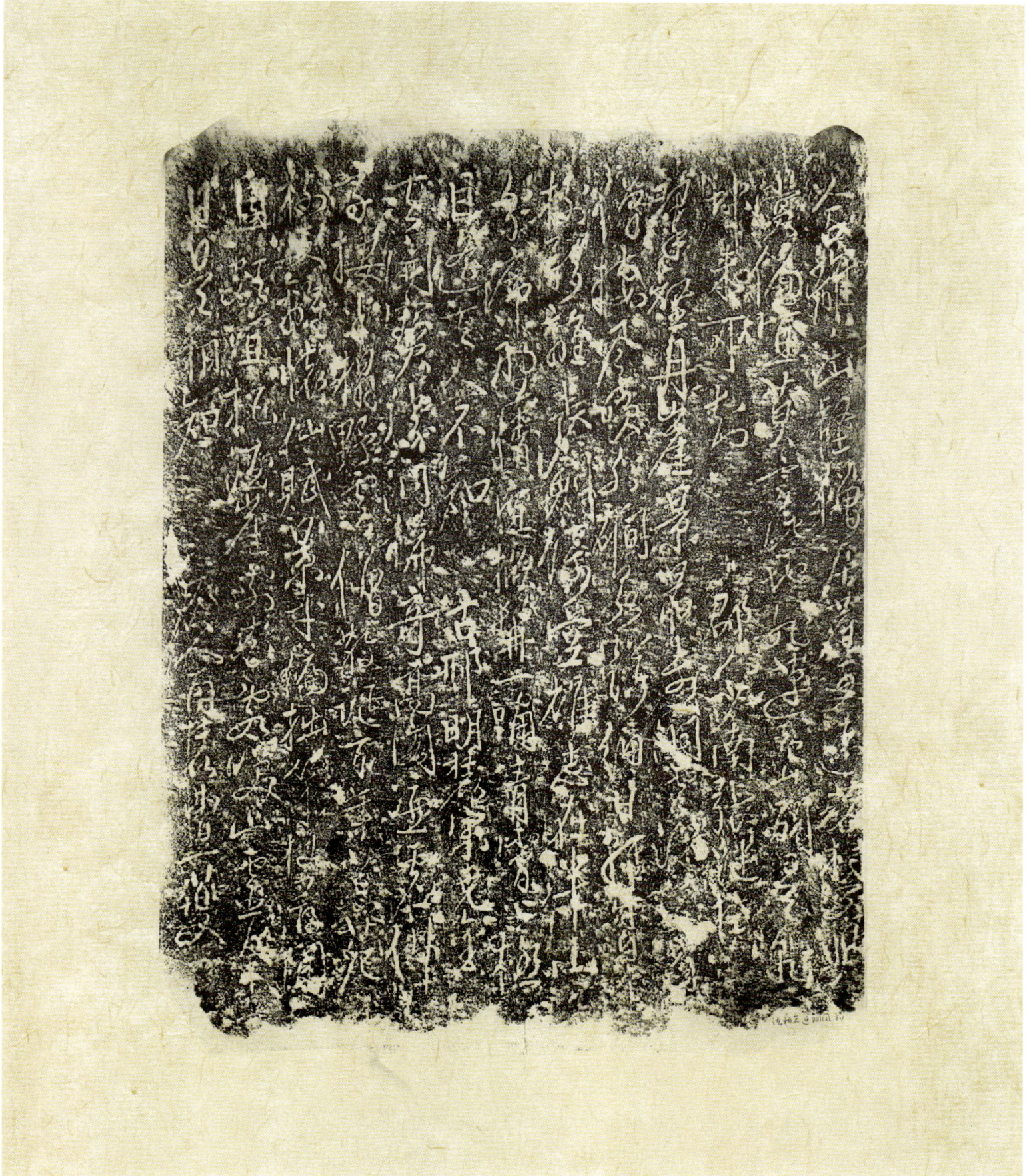

曹一夔观音洞草书摩崖　86cmx68cm

曹一夔　字双华，武冈人，明万历二年（1574年）进士
为官清正，受贬后归乡筑室同保山麓，著书

太保洞太保摩崖　96cmx46cm

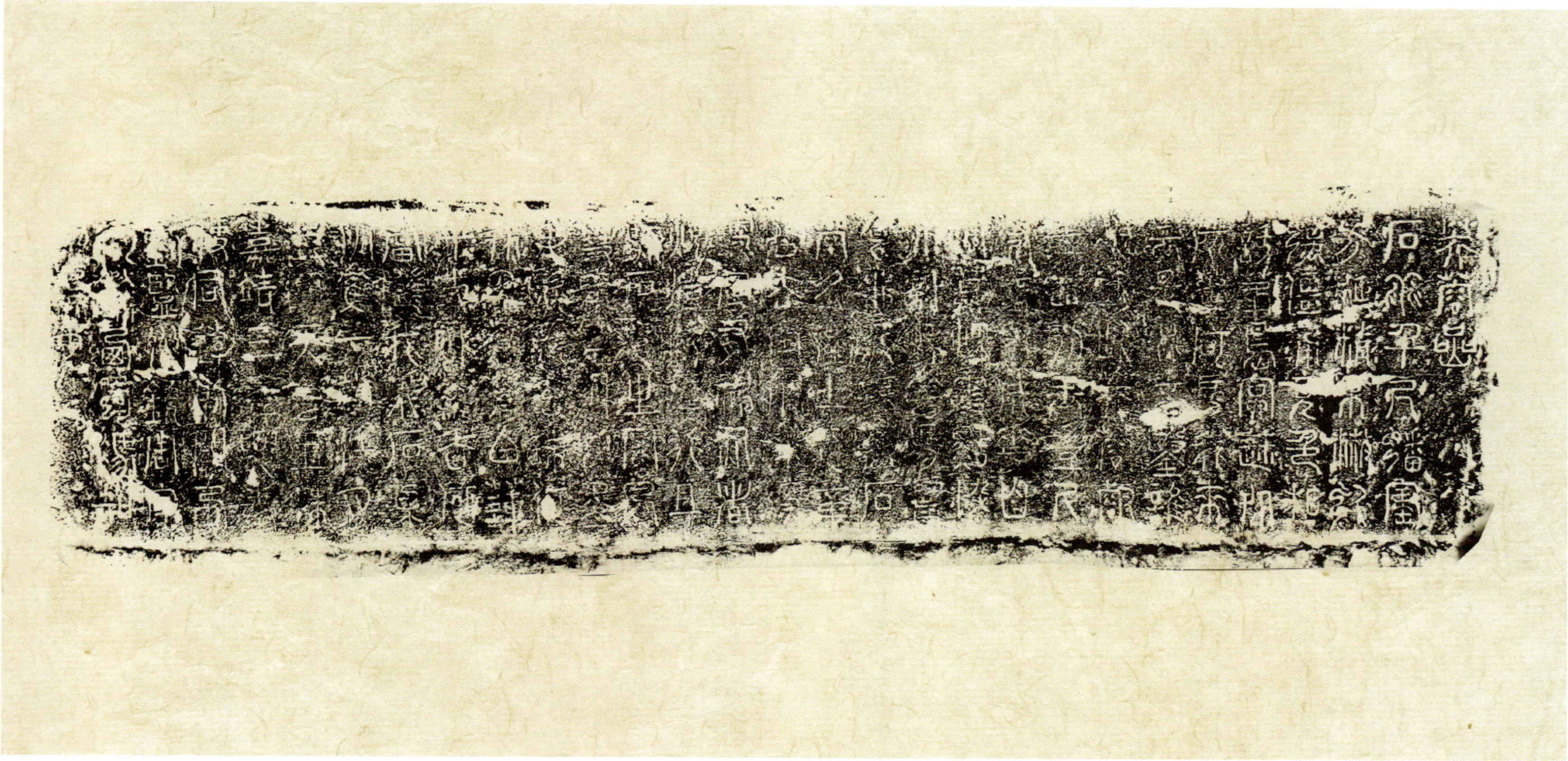

明嘉靖年间　芙蓉洞摩崖　128cmx30cm

花乳洞摩崖　68cmx50cm

明嘉靖三年（公元1524年）岷藩题宝方山观音洞摩崖　90cmx66cm　岷藩第五世靖王朱彦汰，号雪峰

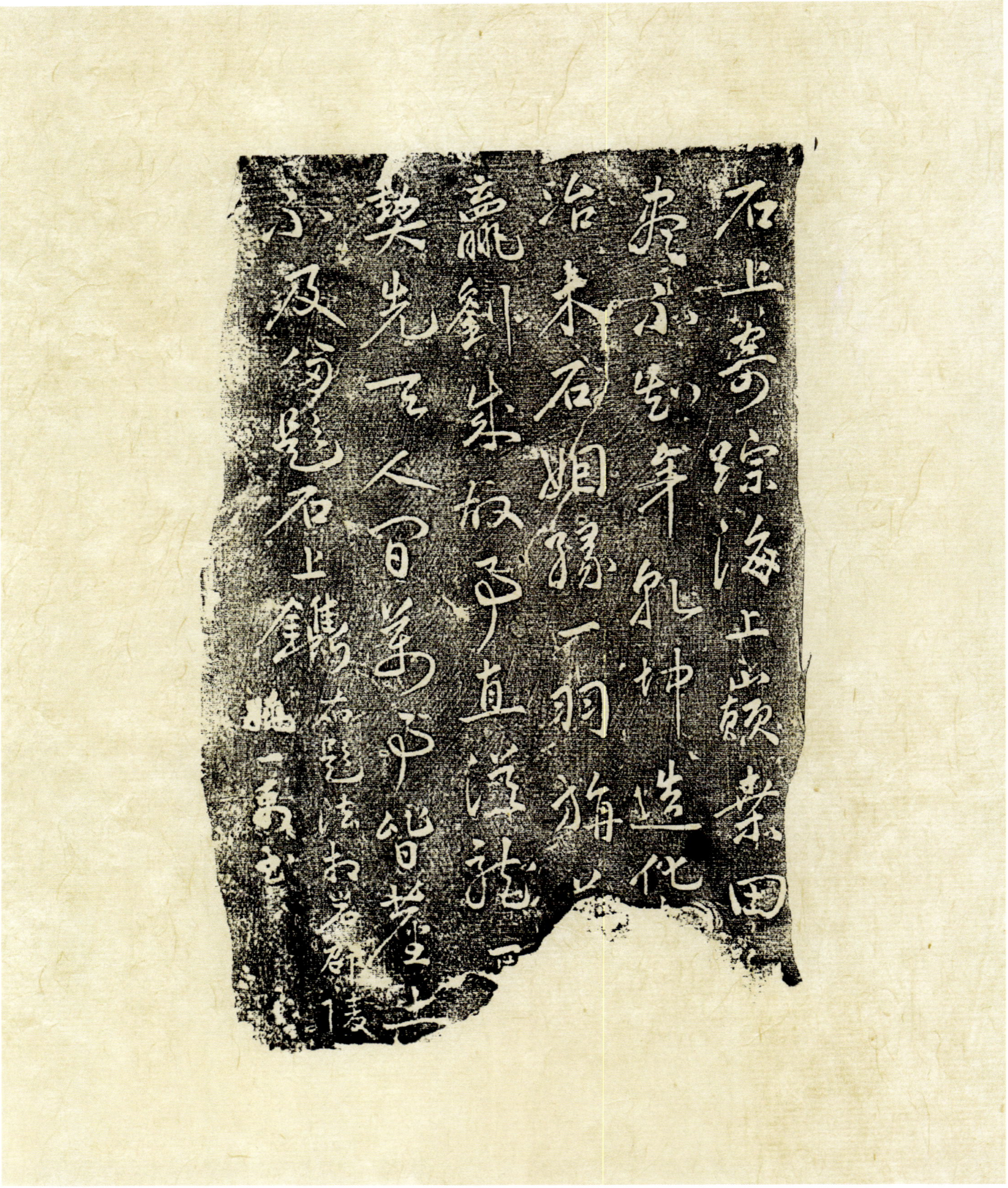

观音洞诗摩崖　52cmx35cm　姚一禹

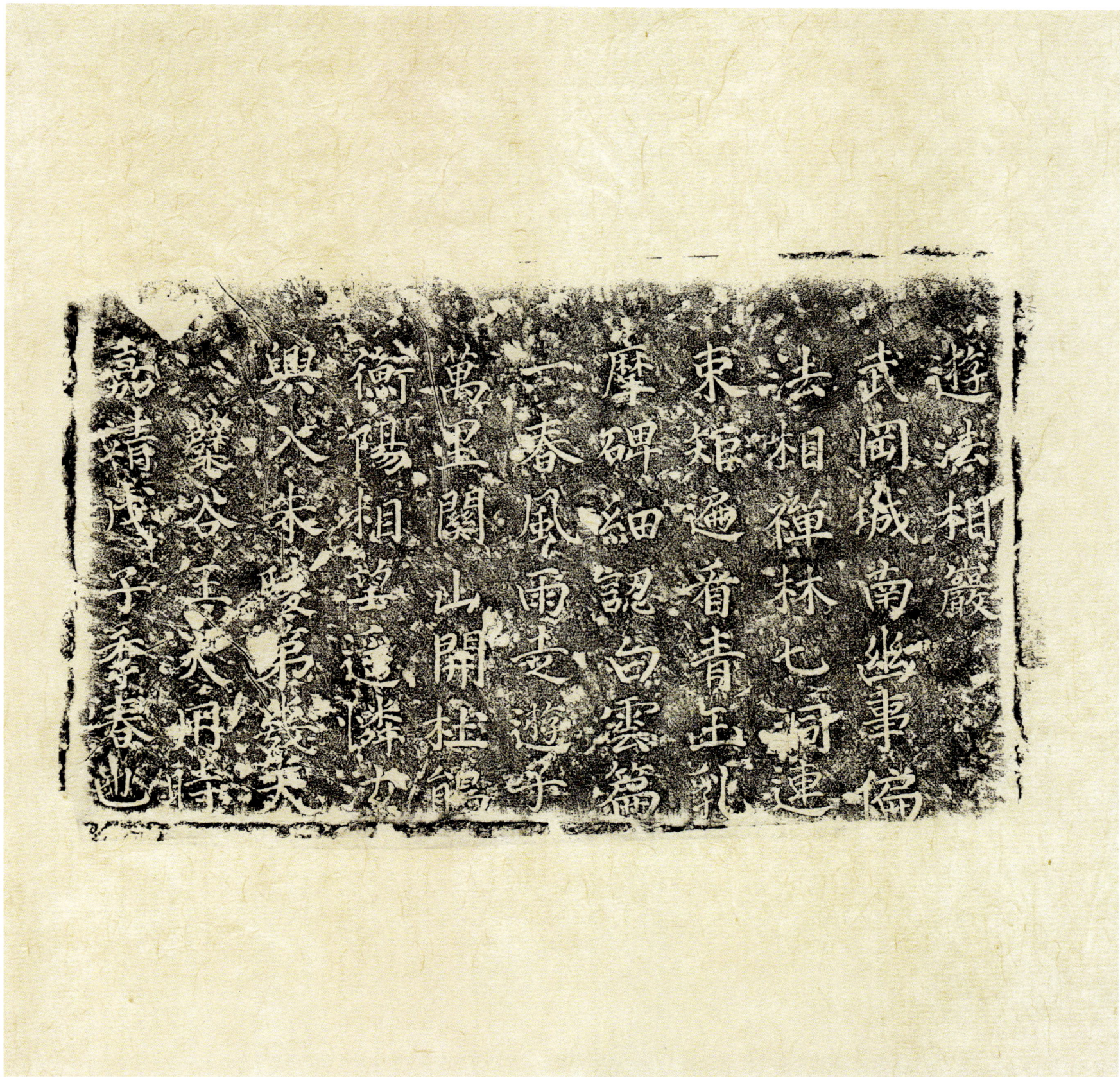

明嘉靖七年（公元1528年）花乳洞游法相岩诗摩崖　40cmx20cm

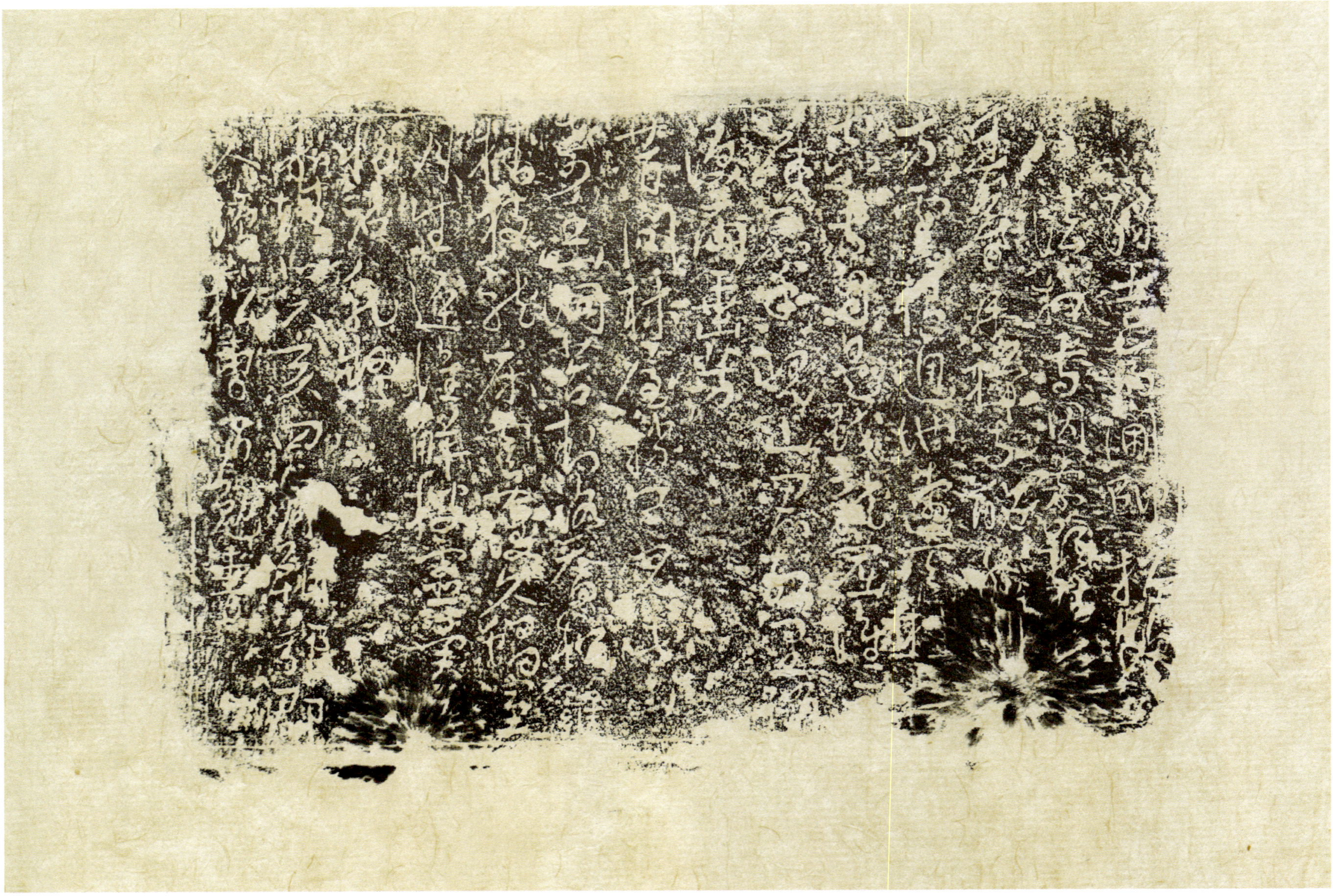

花乳洞诗摩崖　60cmx38cm

明嘉靖二年（公元1523年）花乳洞游法相寺摩崖　75cmx52cm

明万历七年（公元1579年）观音洞诗摩崖　85cmx46cm　张继志

花乳洞诗摩崖　135cmx48cm　祝文冕

明正德十五年（公元1520年）题法相岩花乳洞诗摩崖　86cmx86cm　岷藩第五世靖王朱彦汰，号雪峰

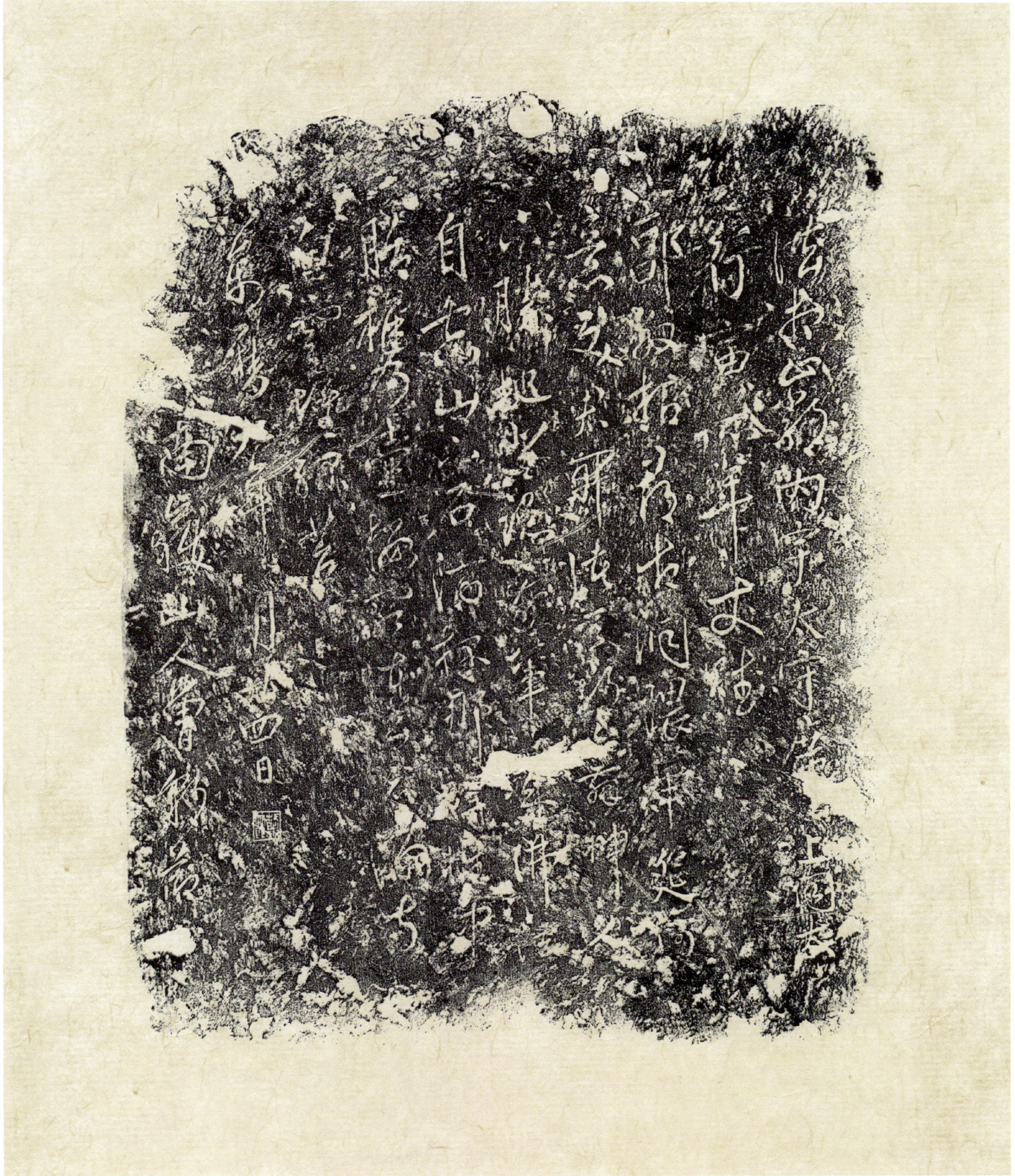

明万历九年（公元1581年）花乳洞诗摩崖　76cmx62cm

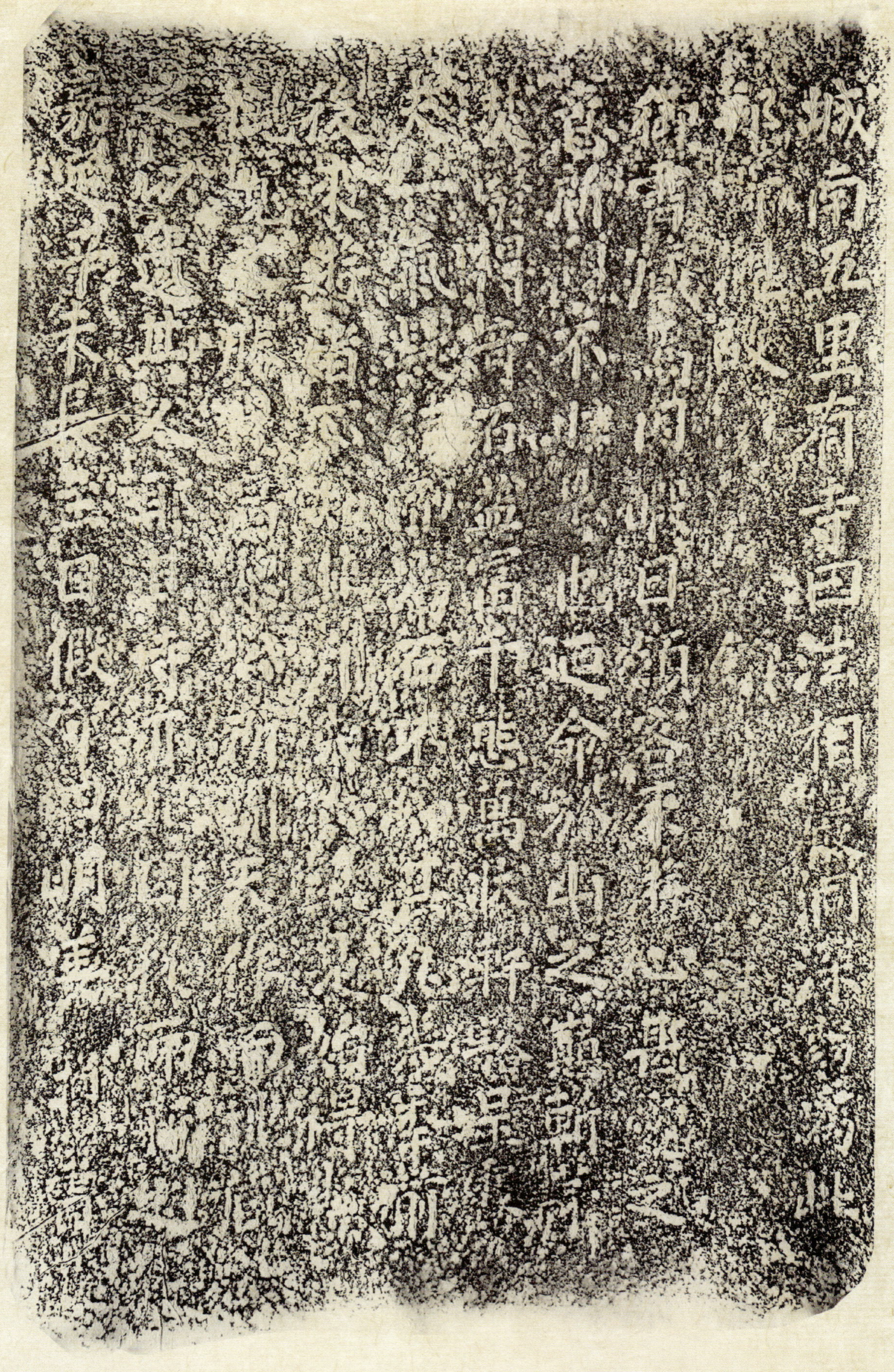

南宋嘉定四年（公元1211年）诗摩崖　76cmx52cm　姜桐

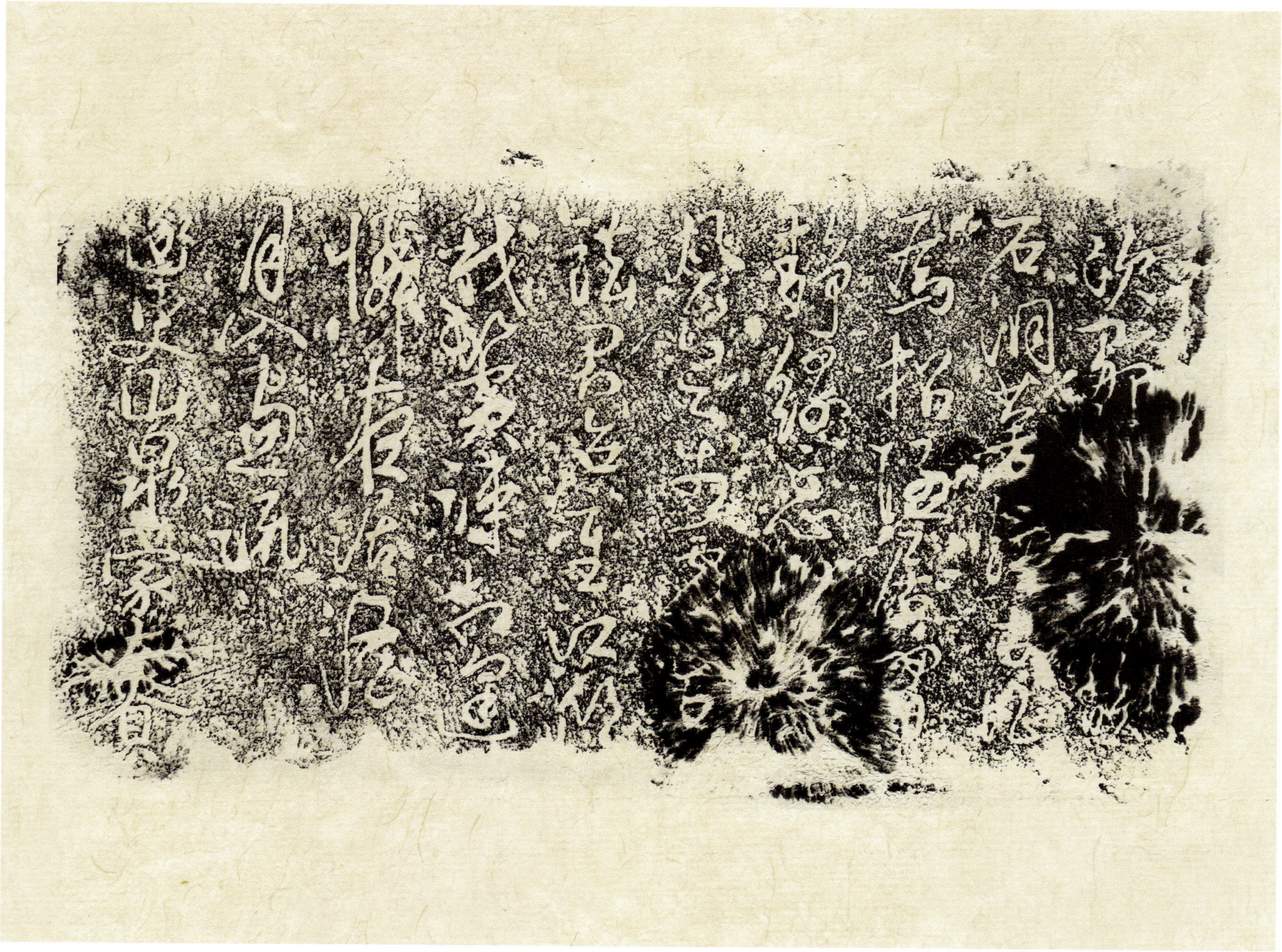

花乳洞诗摩崖　75cmx38cm　　蒙大赉

思惟常苦　日用塵勞

覺悟無常　心見虛幻

斷絕惡緣　遇境即捨

除妄念　要[illegible]念起

自己過　命則隨滅

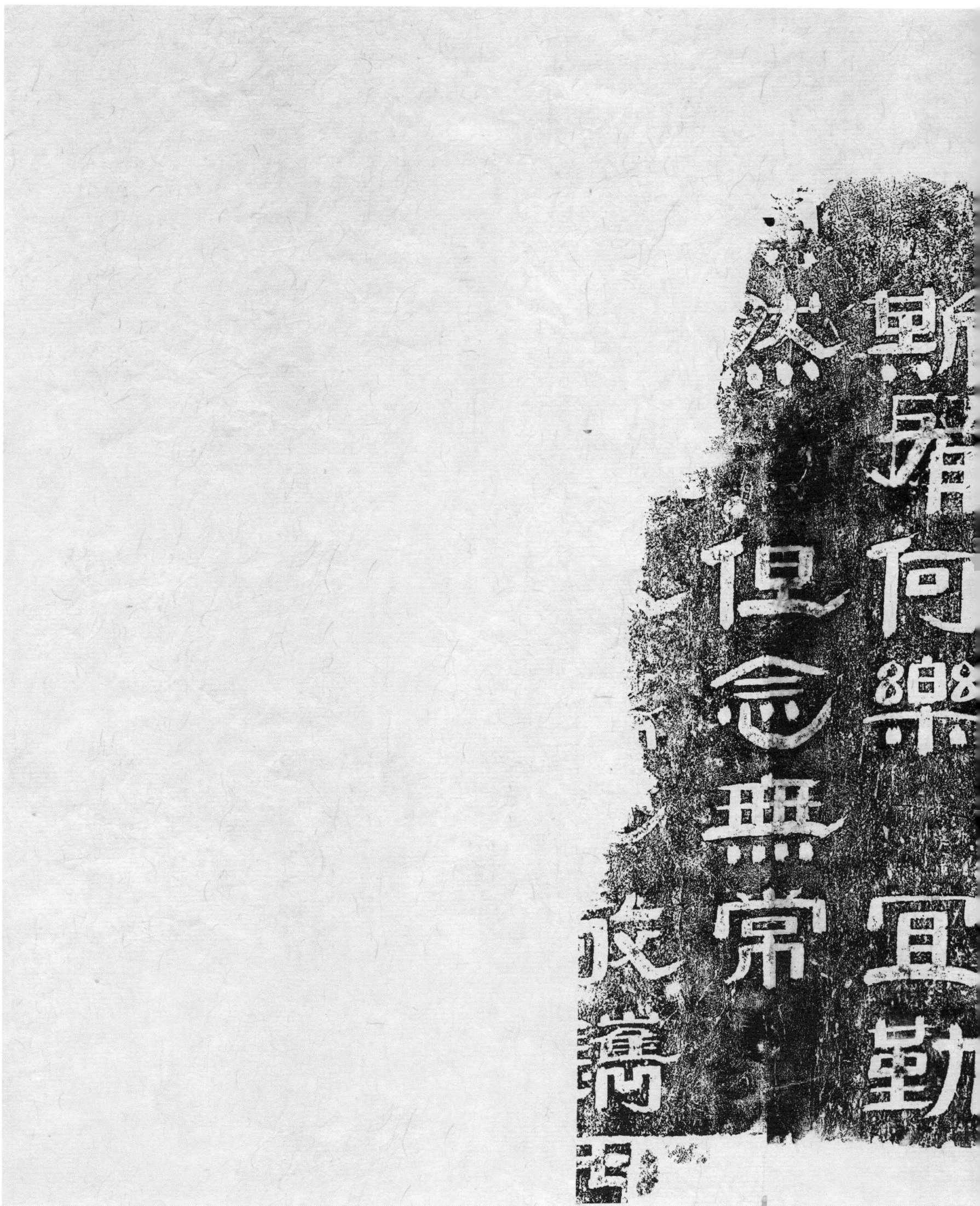

观音洞摩崖　210cmx196cm

嘉靖四十一年（公元1562年）冬 蒙大赉题天柱摩崖270cmx68cm

蒙大赉，字山泉，滨州（今广西阳县）人
官兵部职方郎中，明嘉靖四十一年（公元1562年）谪武冈州同知

中华民国17年（公元1928年）芙蓉洞摩崖　90cmx50cmx2　邵阳陈光中

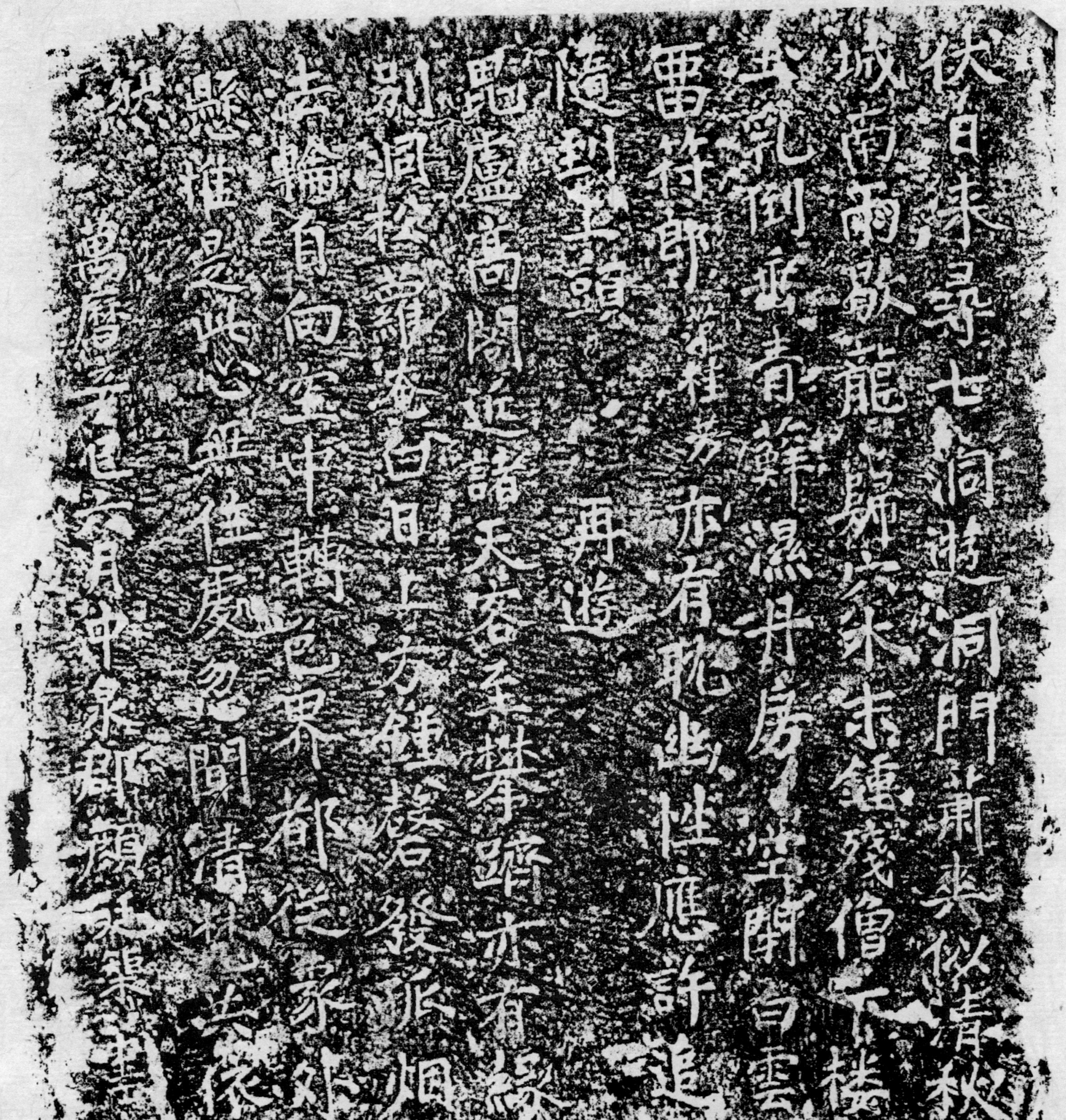

明万历九年（公元1581年）六月诗摩崖　80cmx68cm　福建颜廷榘（曾任岷府左长史）

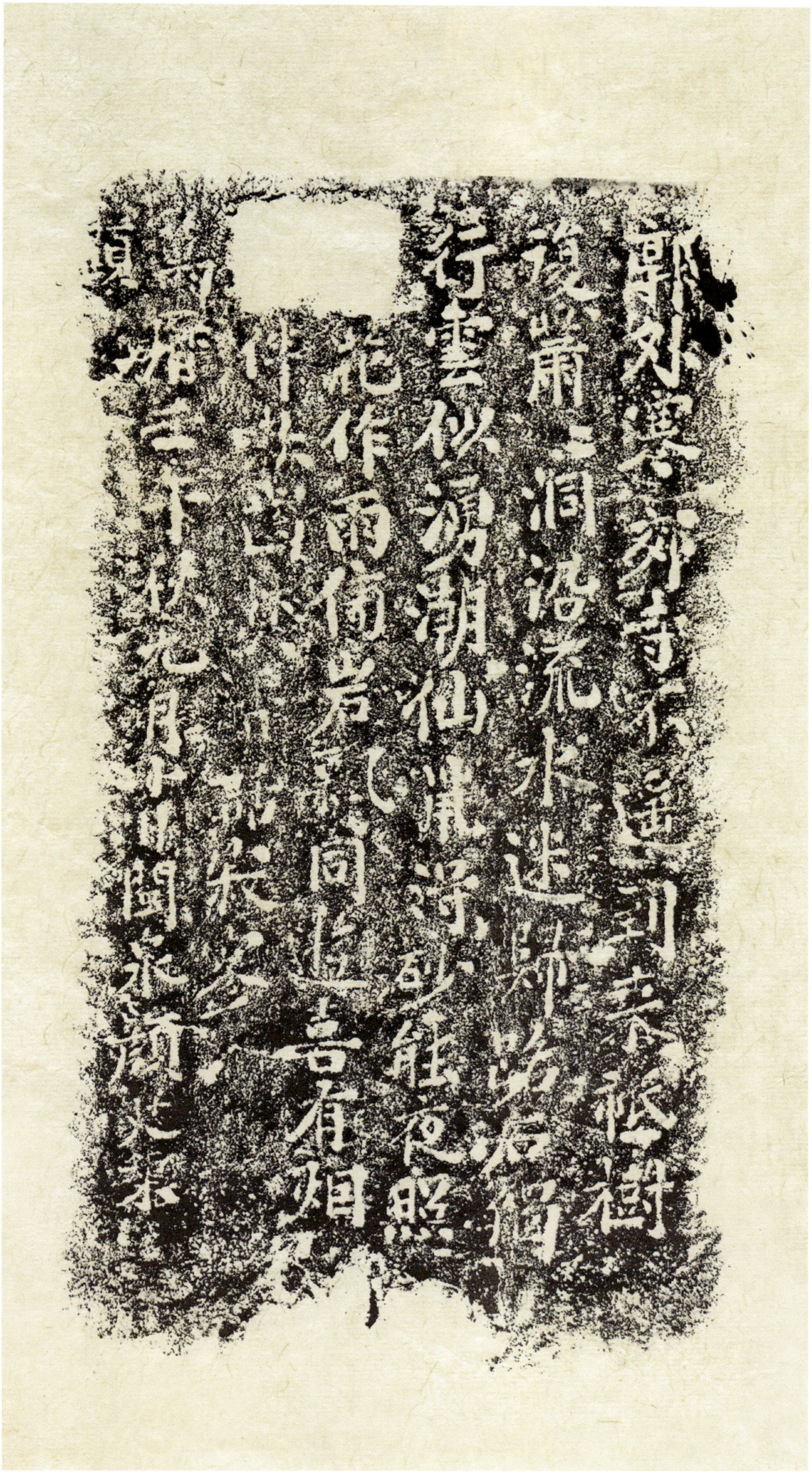

明万历十年（公元1582年）秋九月诗摩崖 80cmx42cm 福建颜廷榘（曾任岷府左长史）

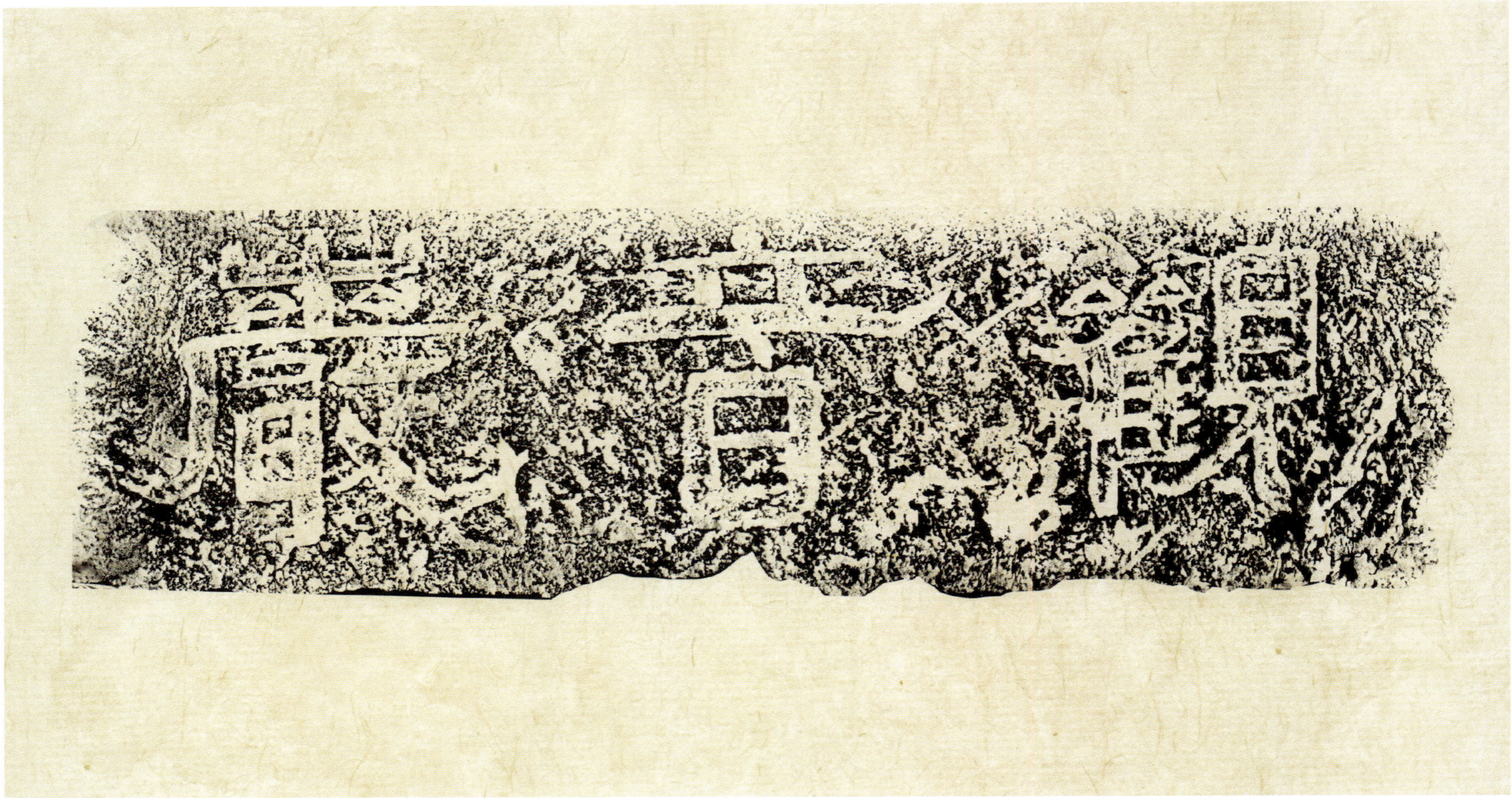

观音洞观音岩摩崖　90cmx35cm

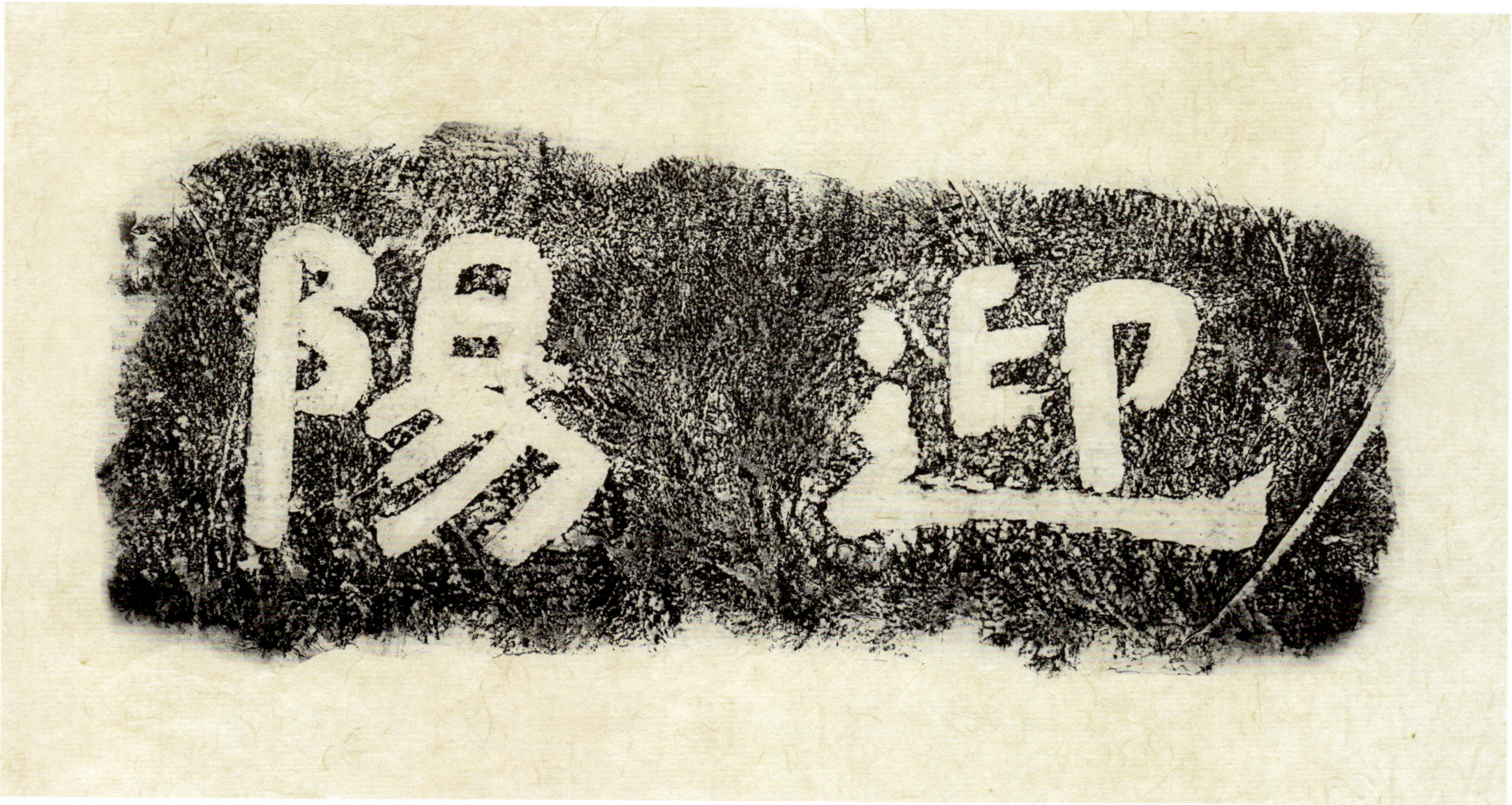

观音洞迎阳摩崖　90cmx50cm

惟冬十月望 皇攬揆以降降十五
太夫人以先日卒越今歲庚辰盡顏氏子三
年矣始得晨從賓客宋丙炎熙哲兄弟鄉人
劉湛恩及稚子熊鸞出游州之法相巖聊暇
日銷憂置酒命醉兒子熊喜誦莫春之章若
有會意而顧不得余懷也迺為作詞刻屬寺
僧淨綠鑴石當太保芙蓉洞口誌之其辭曰
皎初日兮巖顛鬖鬘法相兮清且漪叩音響兮
宗歷楞石骨兮不知年 朔有年兮太古迄
于今兮光緒楚足音兮空谷望徒勞兮三五
一作載 洞口兮春還褰三載兮從躋攀偃浮雲兮
蔭白石太保閟兮芙蓉巖 白雲兮千里逝
余懷兮湘之涘悲風颯兮松梧寒有懷罔極

芙蓉洞摩崖　240cmx130cm　陈炳瑞 瑞贞氏作　张广榕 阴户氏书

同保山“砯岩”摩崖　76cmx62cm　(据传为北宋王安石所书)

象外奇观　东塔独石摩崖　60cmx40cm　孙应崧，明代大庾人

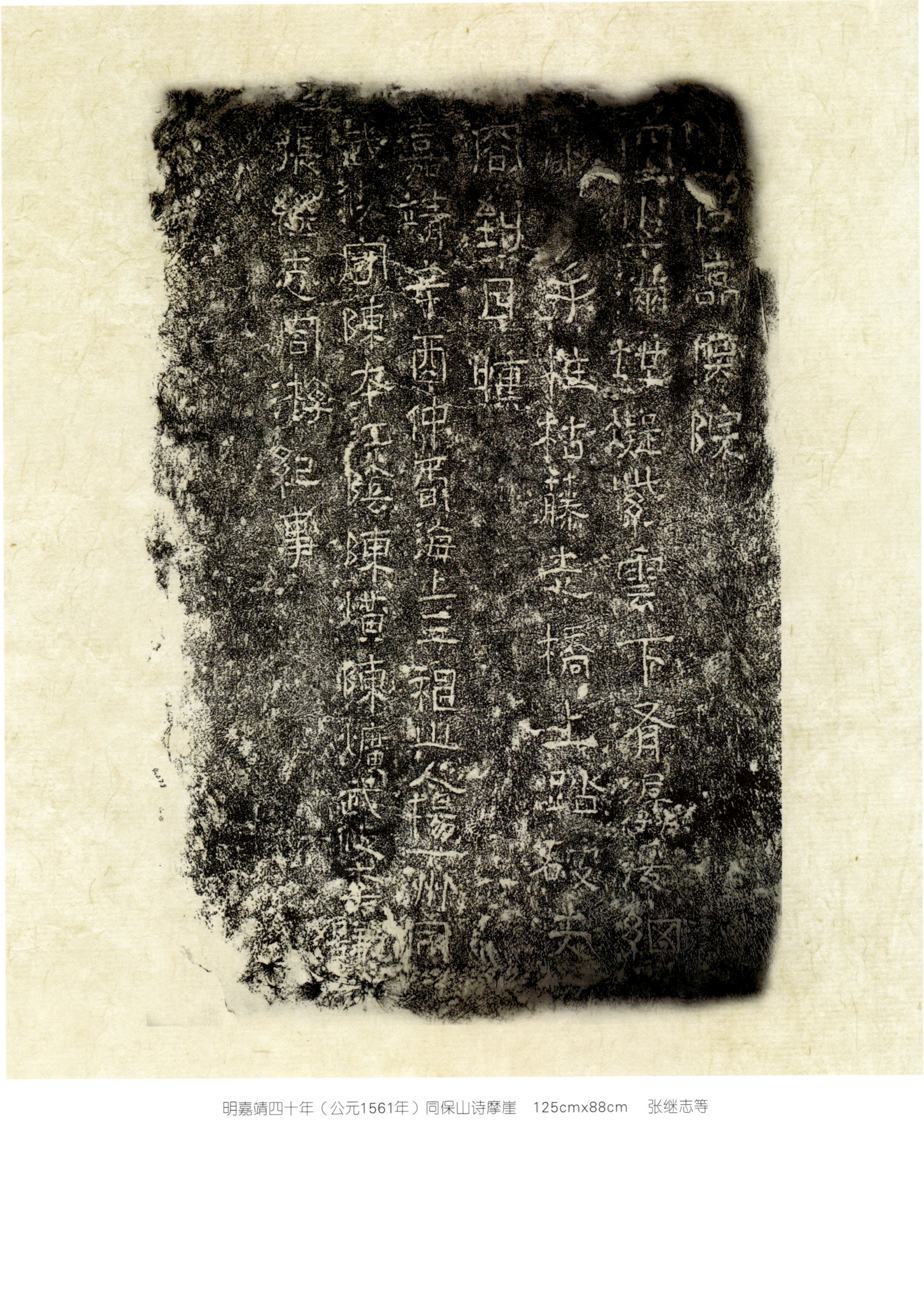

明嘉靖四十年（公元1561年）同保山诗摩崖　125cmx88cm　张继志等

明嘉靖同保山草书摩崖　84x66cm

岷藩灵山同保山摩崖　125cmx88cm

云山篇

云山，位于武冈市区南部五公路处。它的出名除了因为云多云幻、奇峰异石、茂林修竹外，更重要的是它是全国道教第六九福地和湘西南的佛教圣地。据传，远在秦代，卢生、侯生和谭真人就在山上设坛布道，筑炉炼丹，至今仍可看到『秦人古道』『丹井云封』古迹。至唐代，云山建胜力寺，开始有了佛教；宋代，云山增建观音阁、玉虚宫、真人祠，佛教、道教均进入兴盛时期；明清两代，胜力寺几度重建，并先后增建了半山庙、三里庵、五里庵、七里庵、卢侯祠、别云禅院等寺庵，形成了以胜力寺为中心的云山寺庵群，建筑面积7000余平方米。八方香客、游客络绎不绝。留下的摩崖石刻亦随处可见，其中有关佛教的石刻尤多，仅别云峰上现存的禅塔就有十五尊，碑铭五十二块，后世称为『禅师塔林』，已成为云山一景。

飞瀑摩崖　90cmx66cm

秦人古道摩崖　75cmx33cm

明天启元年（公元1626年）无涯和尚嗣建祖塔碑记（碑） 95cmx50cm

白玉泉摩崖　78cmx35cm

清乾隆三十五年（公元1770年）钟远大和尚塔院记（碑）　110cmx100cm

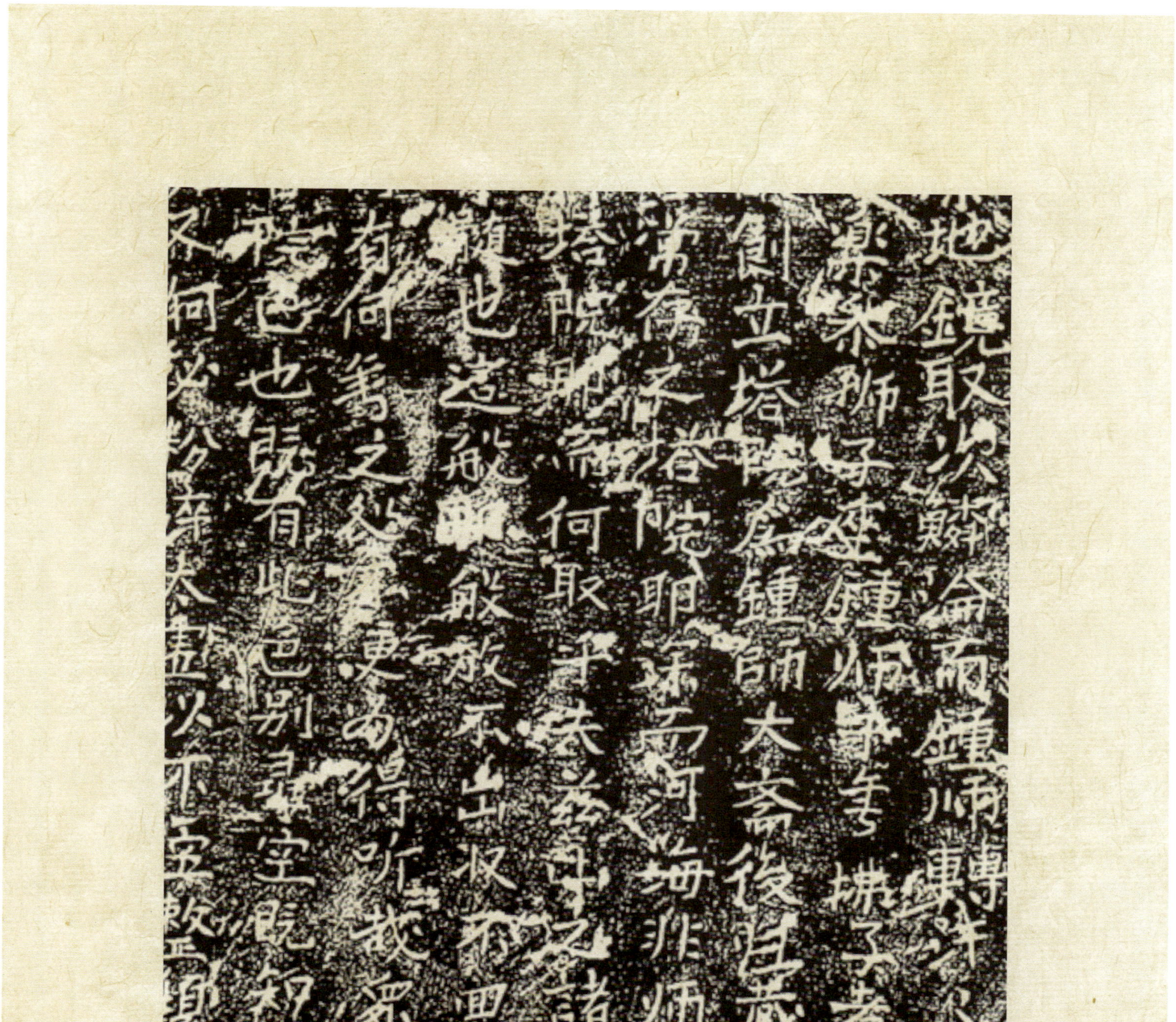

钟远大和尚塔院记（碑）局部放大

重建云山胜力寺记（碑） 162cmx78cm

清乾隆二十六年（公元1761年）弗器大和尚塔（碑）　113cmx66cm

民国16年（公元1927年）万古不磨（碑） 126cmx76cm

清乾隆二十三年（公元1758年）湖南宝庆府武冈州（碑） 130cmx95cm

清雍正十二年（公元1734年）钟惺大和尚塔记（碑） 120cmx65cm

明永历十一年（公元1656年）万寿宫碑记（碑） 105cmx65cm

重脩紫霄峯碑

蓋聞莫為之前雖美弗彰莫為之後雖盛弗傳 住持雲山峯

秀麗鳳舞翔上源崑崙宗都梁之脈秀下並衡嶽為武攸之名區

歷来賢士大夫遊於斯者觸景興懷每多鴻題州志梓載矣無如

近日寒山頻遭困頓前邑允乙勝寺回祿仰仗佛光真容無恙

僅傷右側已沐 四方耘越損貲修葺約費三千餘金亏前鎖龍

橋明時燕居上人曾建 观音大士閣於其上以鎮水口世遠年

湮棟折榱崩日就頹朽每欲相繼重修奈力有所不給以至延捆

至今歲乙丑絶頂五里巷名紫霄峯係泰時 盧傑譚三仙修真

於斯原建寺观祀之興雲致雨屢著灵異不意鄧居天中陡然

祿寺像俱焚往来賢豪登高遊賞為之感慨囑 指修但思

鳩工尚非数千金不能又思 神灵失所凭依忍久廢是以

命予詣 閤閭朱門懇祈大發慈悲解囊樂助俾得從事完成

[illegible] 桂 神佑 [illegible] 薛美是為序

立 [illegible] 檀勝刀和南

[illegible] 紫霄峯碑记

重修紫霄峰碑记（碑） 110cmx70cm

胜力寺（碑） 70cmx66cm

清康熙四十五年（公元1706年）云大和尚塔院记（碑） 166cmx100cm

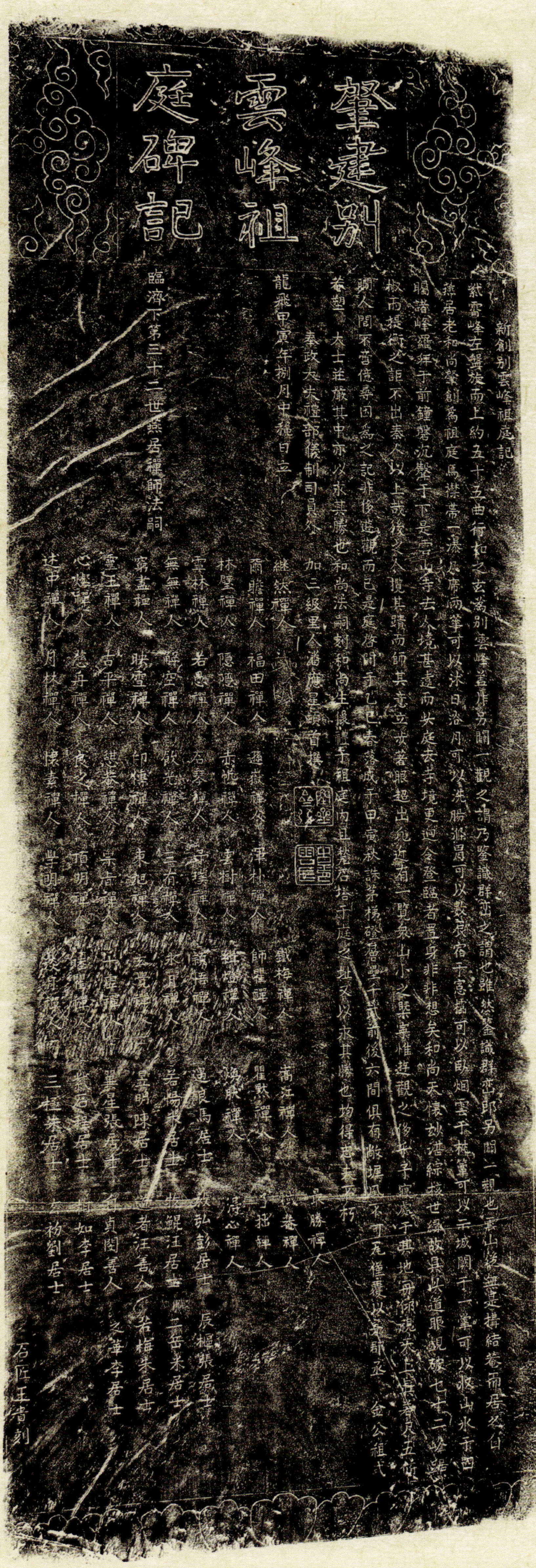

清乾隆五十九年（公元1794年）肇建别云峰祖庭碑记（碑）　216cmx76cm

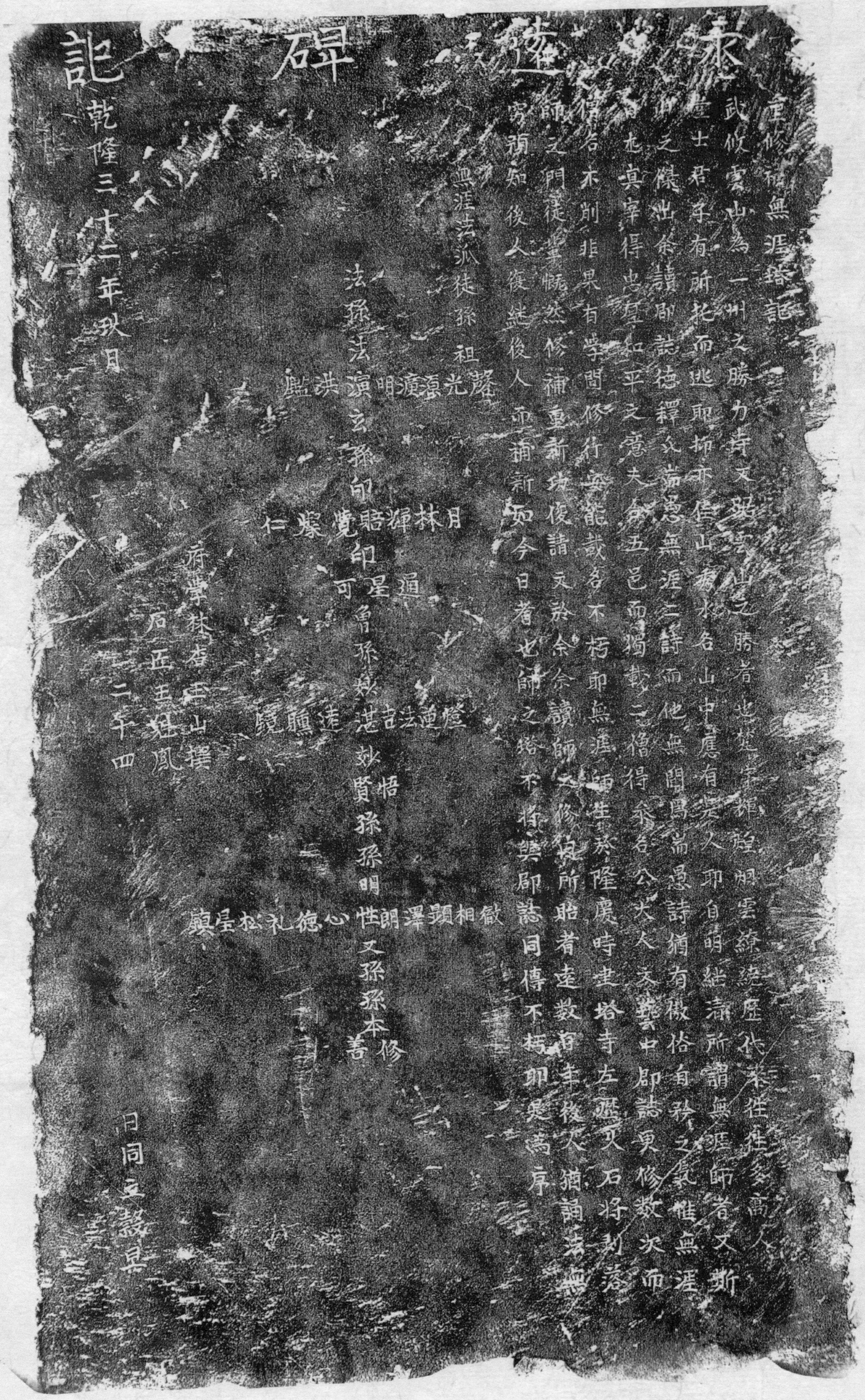

清乾隆三十二年（公元1767年）重修无涯塔记（碑） 126cmx76cm

明崇祯十七年（公元1644年）功德田记（碑） 136cmx76cm

清康熙四十五年（公元1706年）云大和尚塔院记（碑）　145cmx98cm

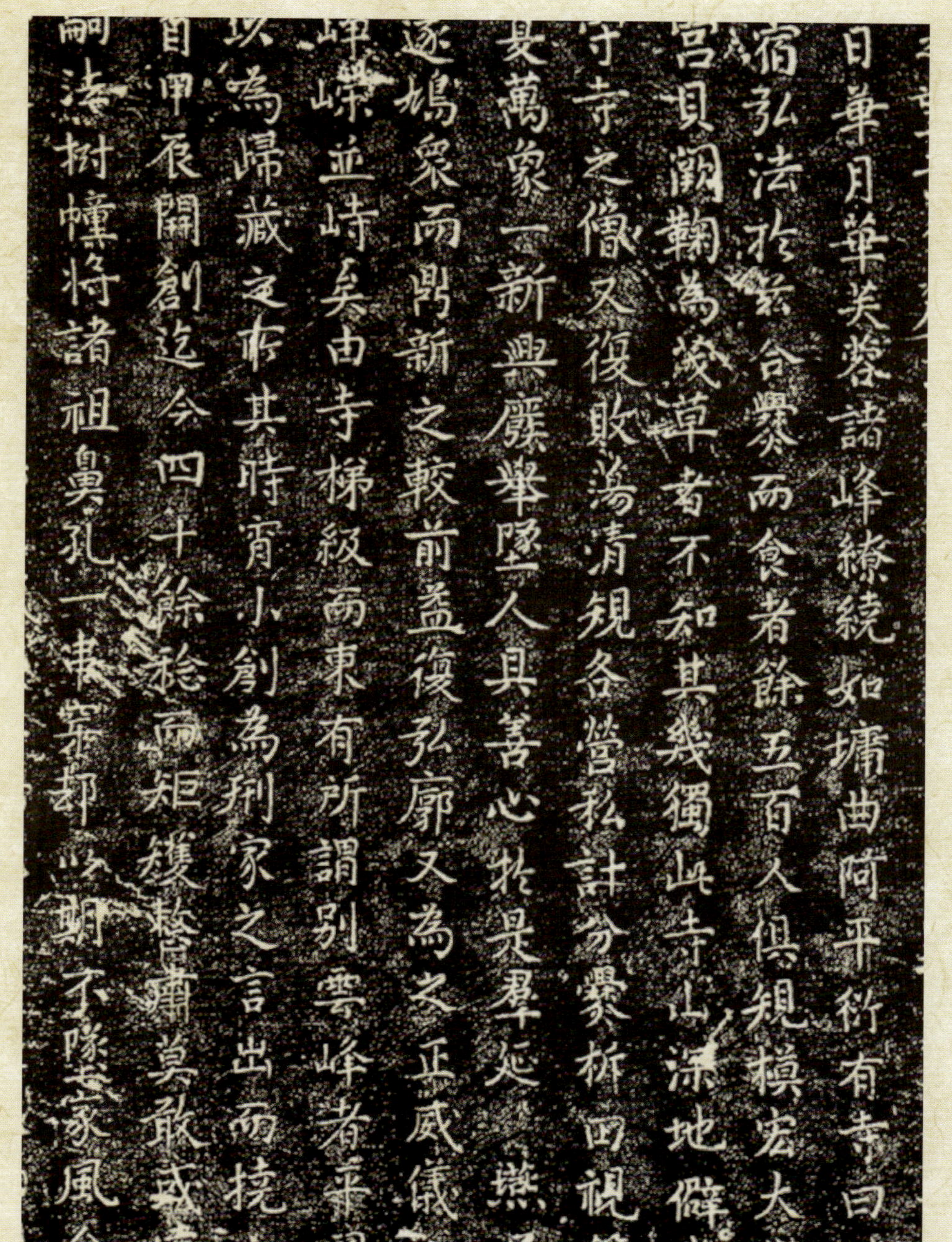

云大和尚塔院记（碑）局部放大

民国29年（公元1940年）万古不磨（碑）190cmx140cm

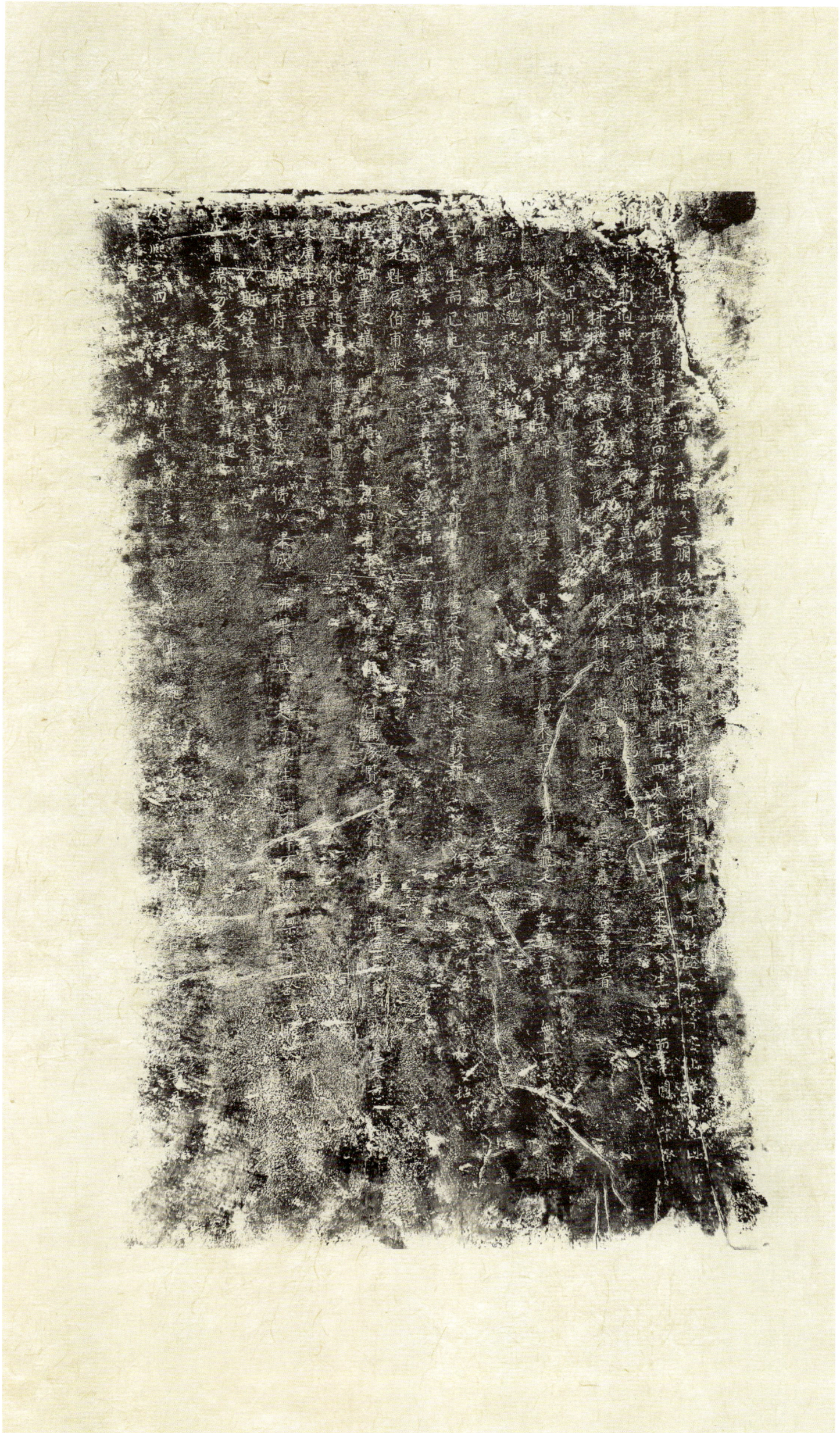

清康熙四十五年（公元1706年）（碑） 125cmx75cm

云山塔林石刻 58cmx32cm

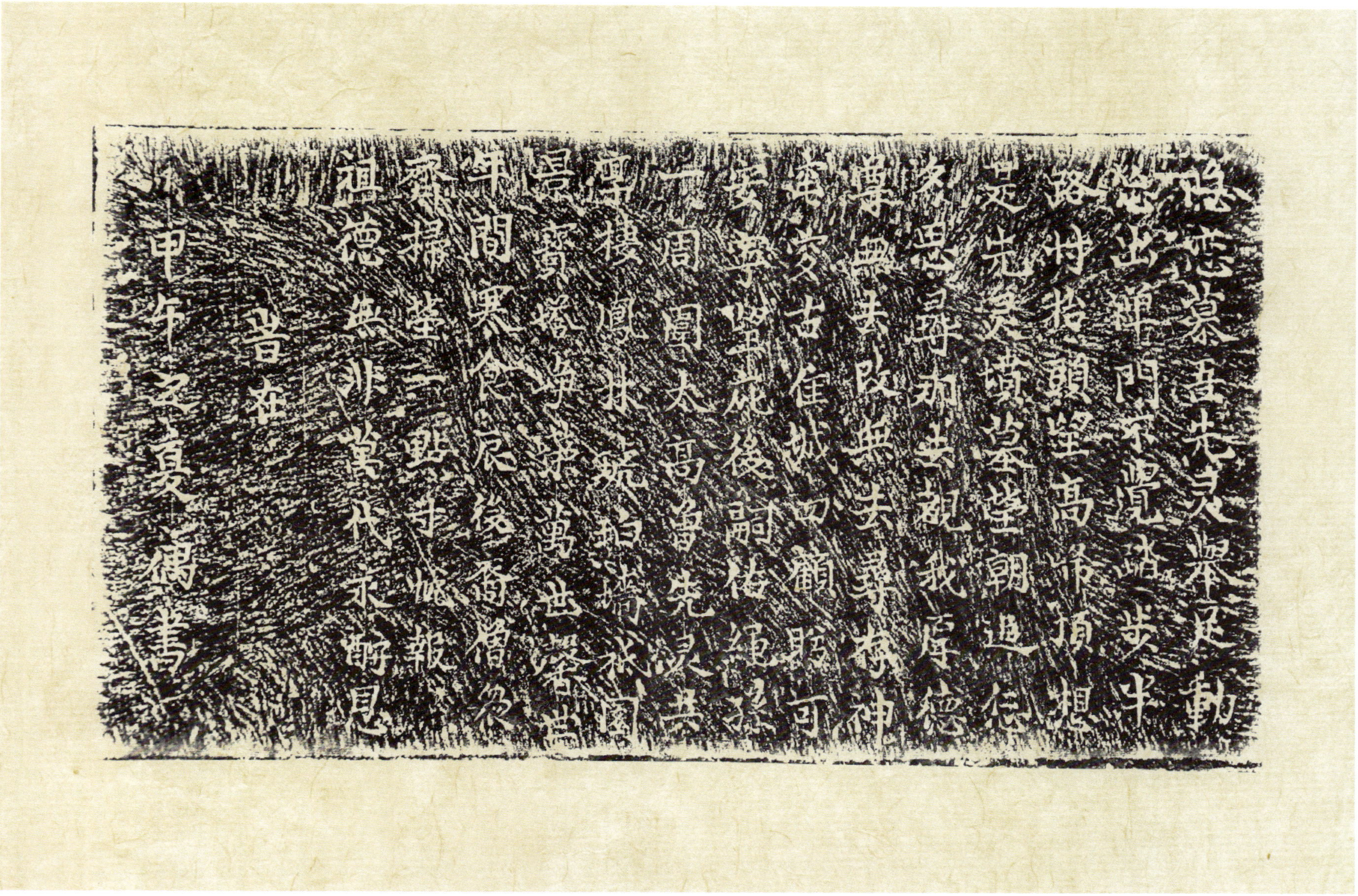

云山塔林（碑） 80cmx45cm

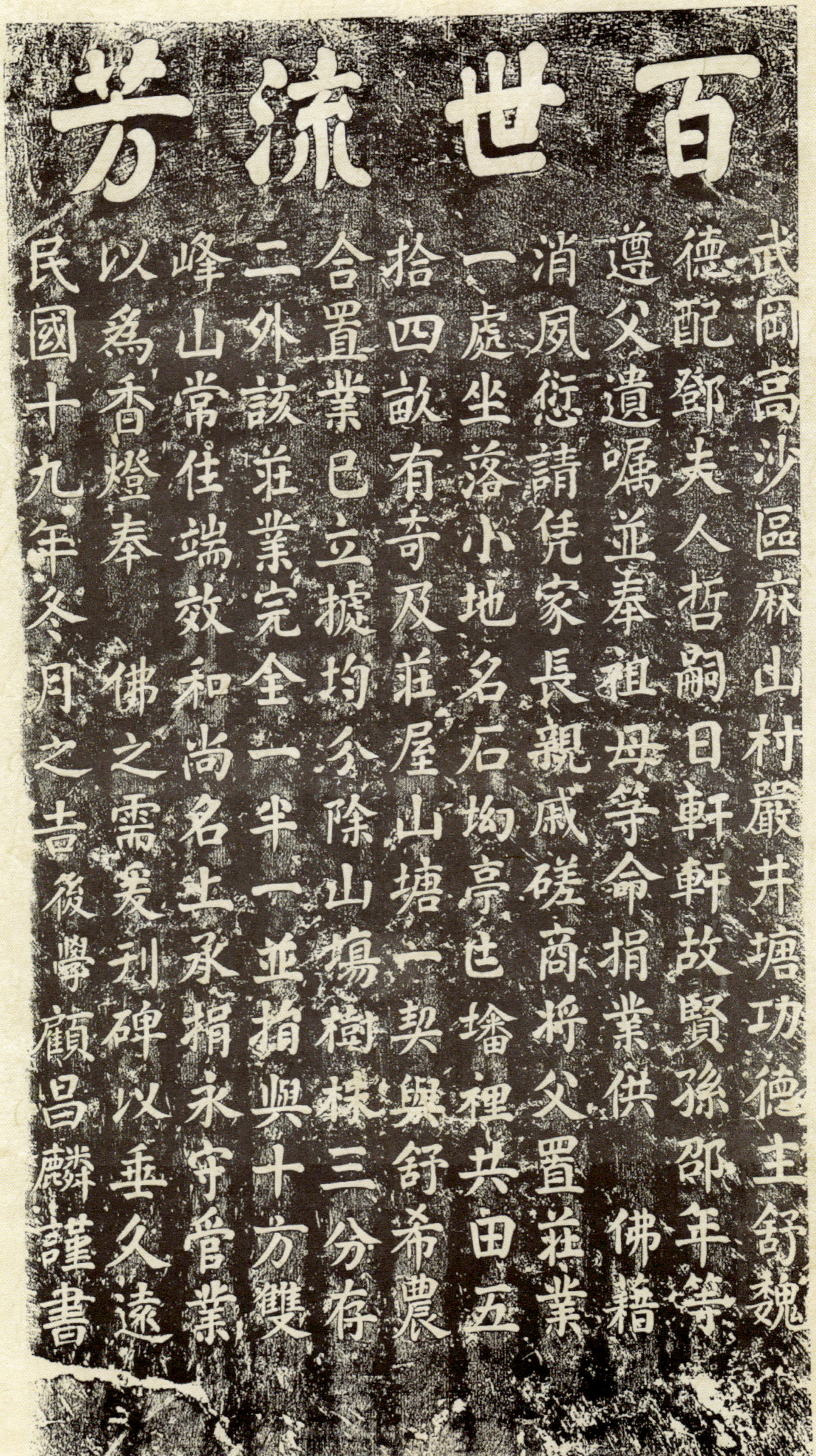

百世流芳

武岡高沙區麻山村嚴井塘功德主舒魏
德配鄧夫人哲嗣日軒軒故賢孫邵年等
遵父遺囑並奉祖母等命捐業供佛糈
消夙愆請凭家長親戚磋商將父置莊業
一處坐落小地名石坳亭土墻裡共田五
拾四畝有奇及莊屋山塘一契與舒希農
合置業已立據均分除山塘樹株三分存
二外該莊業完全一半一並捐與十方雙
峰山常住端效和尚名下承捐永守管業
以為香燈奉 佛之需爰刊碑以垂久遠
民國十九年冬月之吉後學顧昌麟謹書

民国19年（公元1930年）双峰山百世流芳（碑） 108cm×58cm

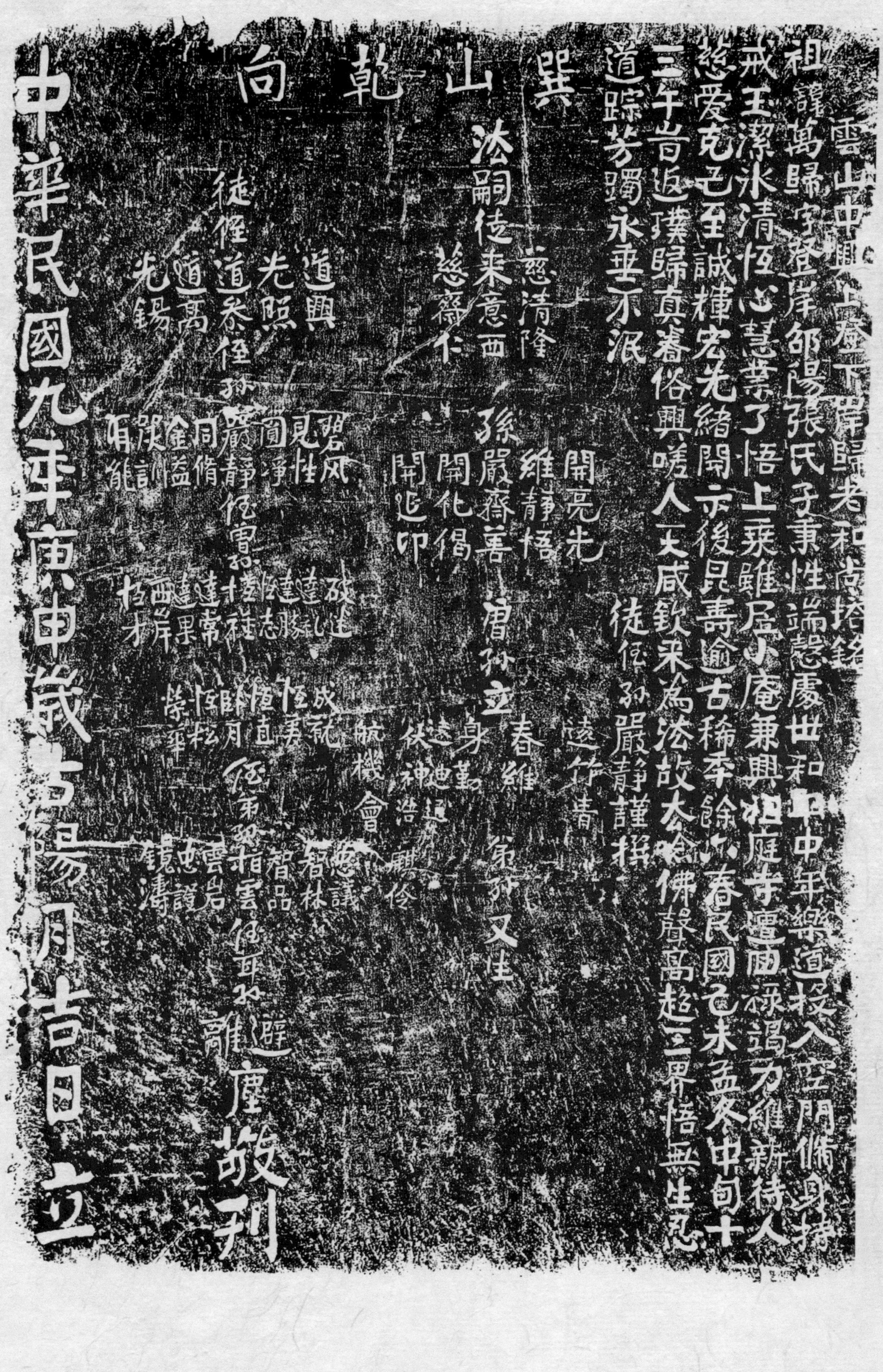

民国9年（公元1920年）云山登岸和尚塔铭（碑） 126cm×88cm

清康熙五十八年（公元1719年）双峰山开瓶碑记 196cmx56cm

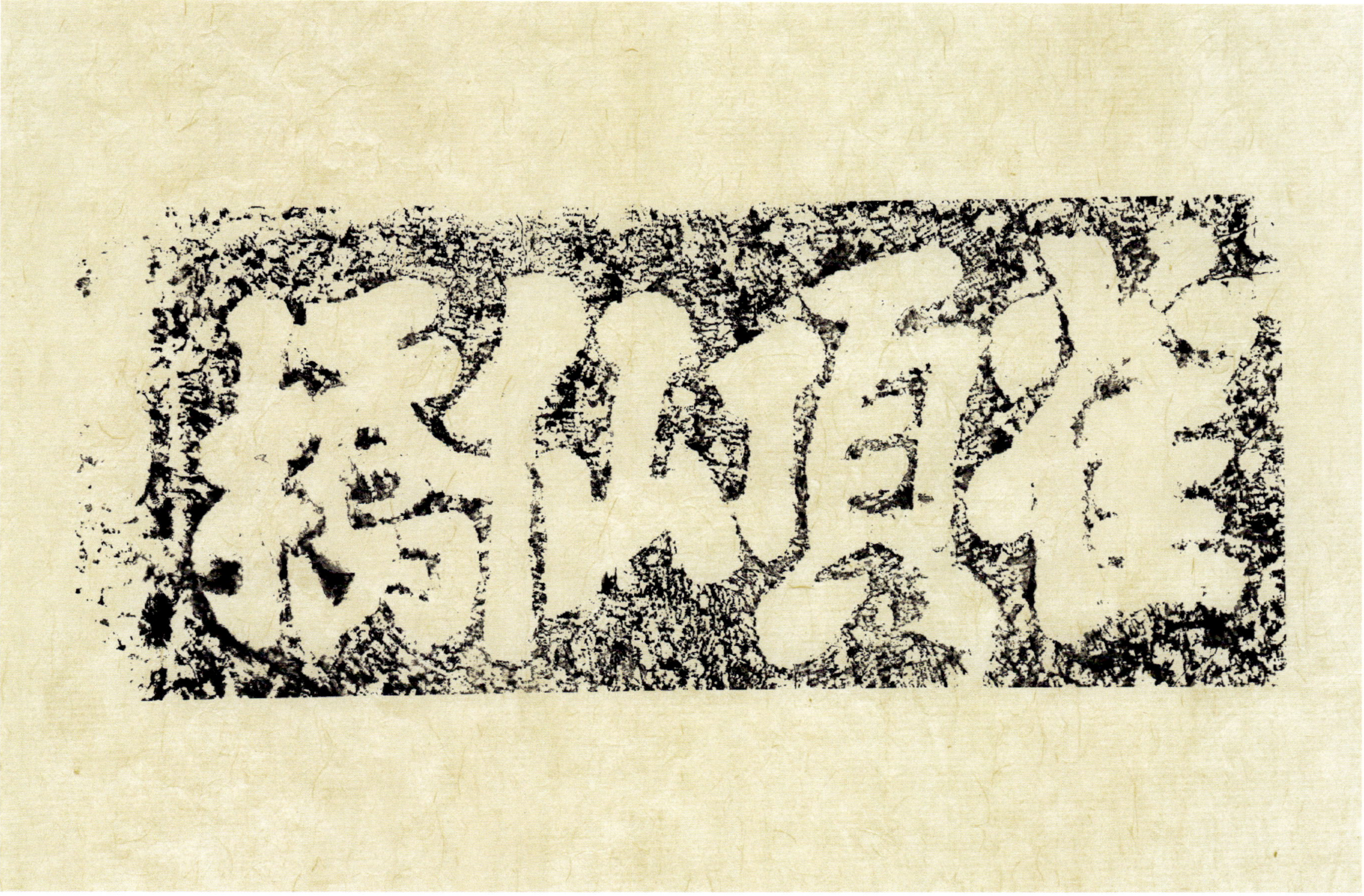

双峰山雀顶仙桥摩崖　98cmx40cm

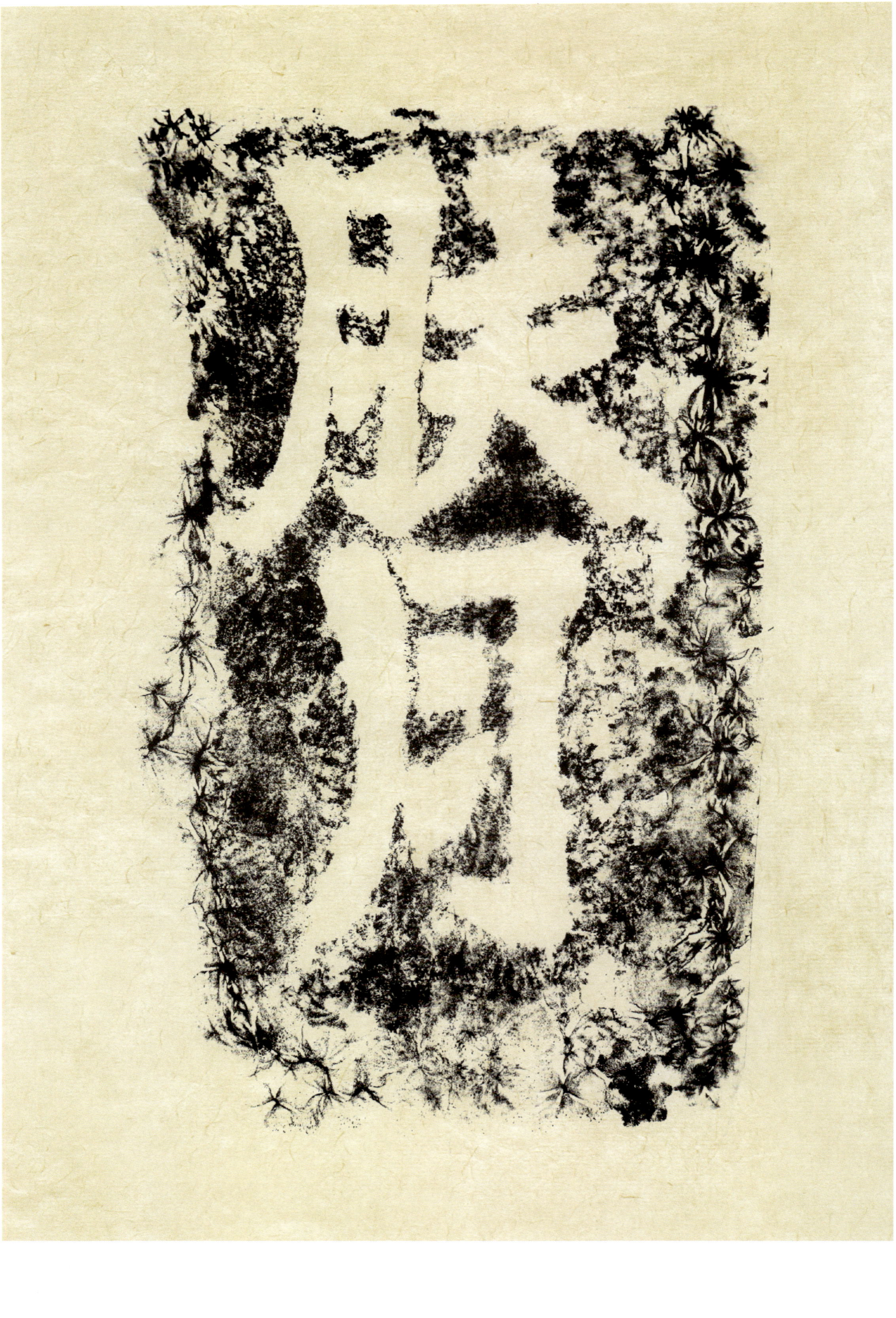

双峰山肤月摩崖 76cmx46cm

双峰山石门摩崖　70cmx38cm

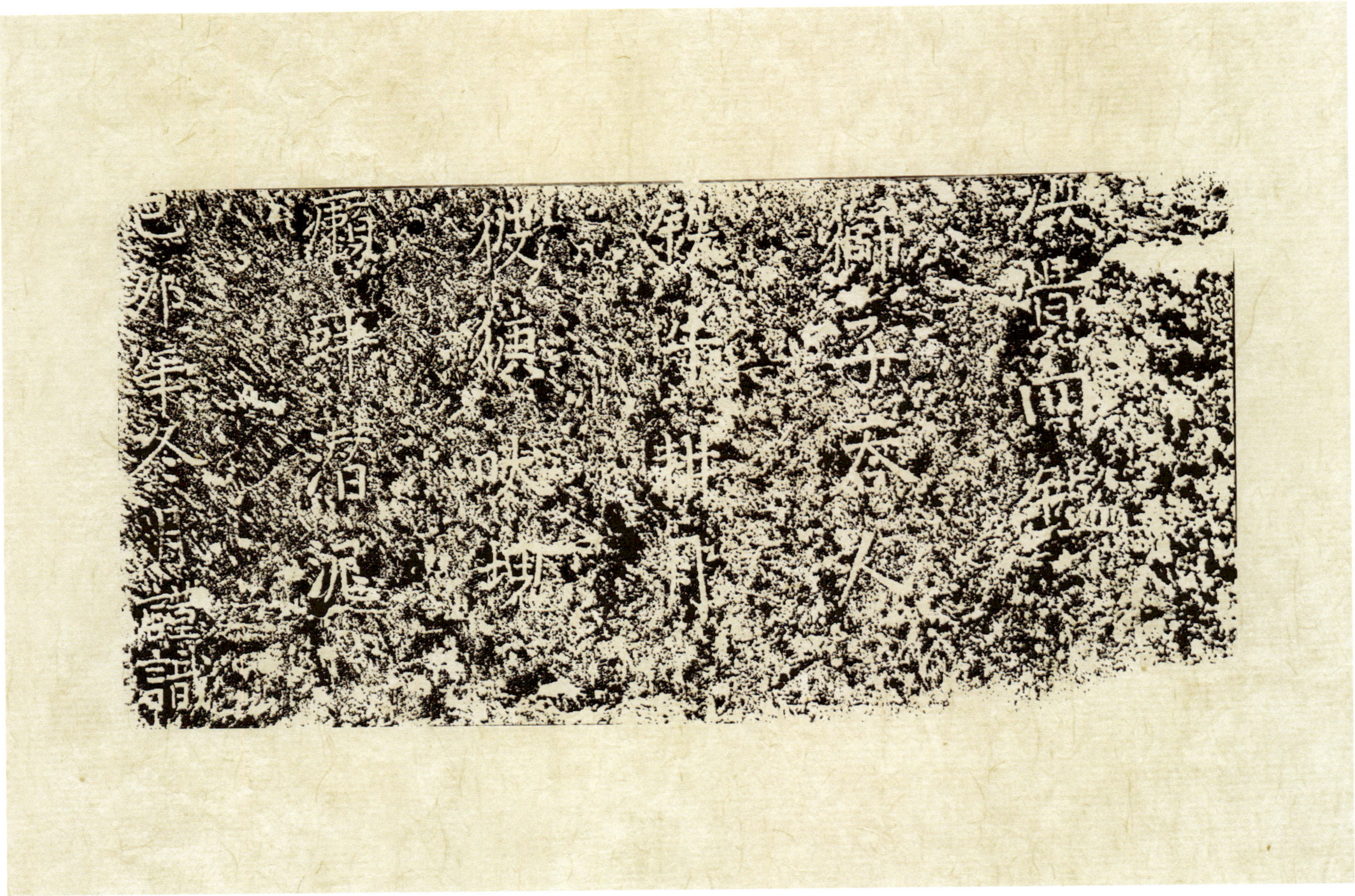

白衣岩洪觉四鑑摩崖　82cmx40cm

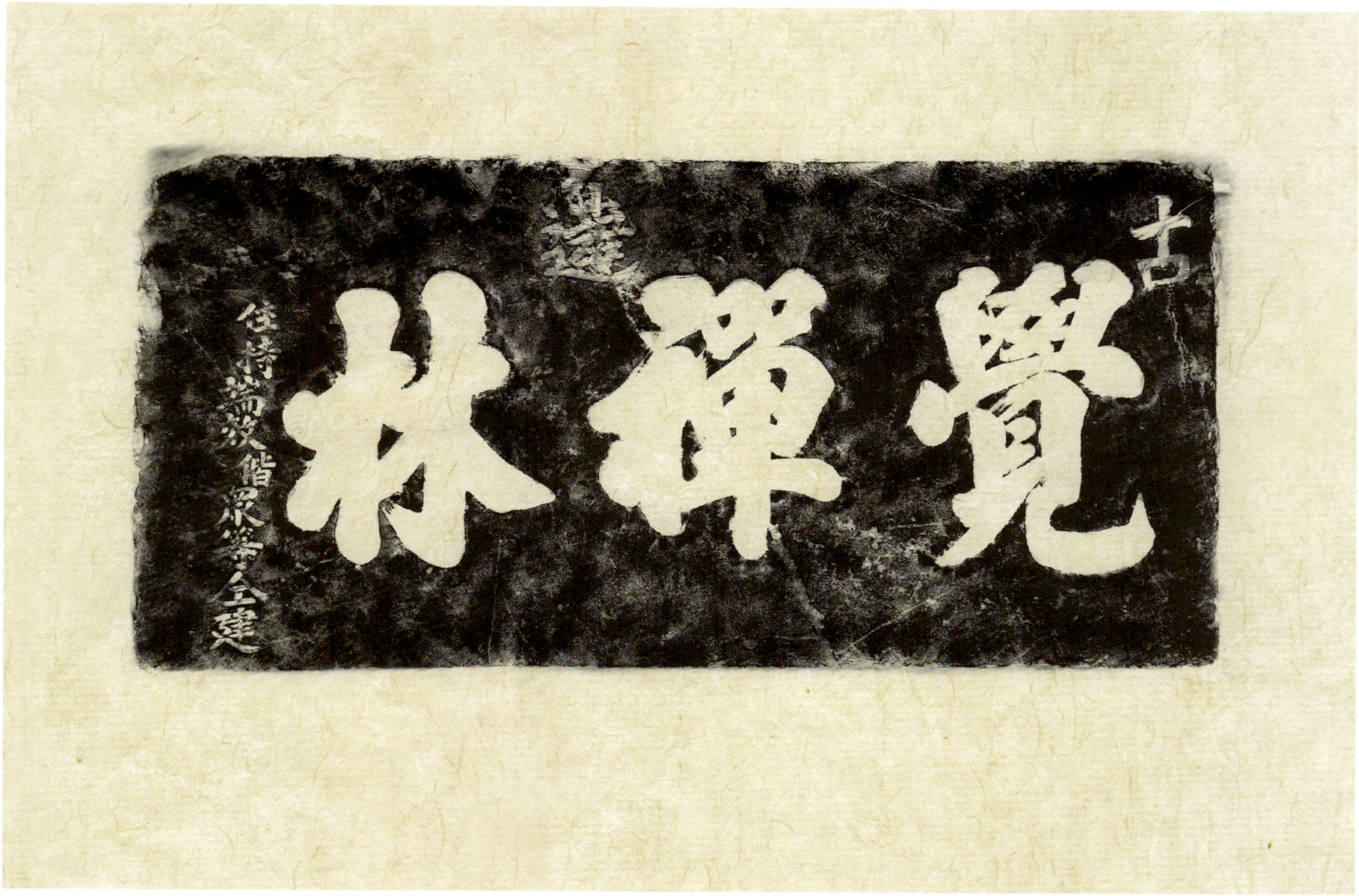

洪 觉禅林（碑） 160cmx75cm

清康熙十七年（公元1678年）五月吉日（碑） 230cmx98cm

双峰山白衣岩摩崖 80cmx45cm

清康熙七年（公元1668年）十月十二日 洪觉寺记摩崖 220cmx140cm

汾水縣界管守禁[illegible]集立

民乃得侵占擾害[illegible]司重究

康熙[illegible]年十月十二日諭

都寺暨向首座三堂監院[illegible]古之

湛知客[illegible]行巡山[illegible]新刊

[illegible]首六方衆

戶禁[illegible]存庫[illegible]司命[illegible]部

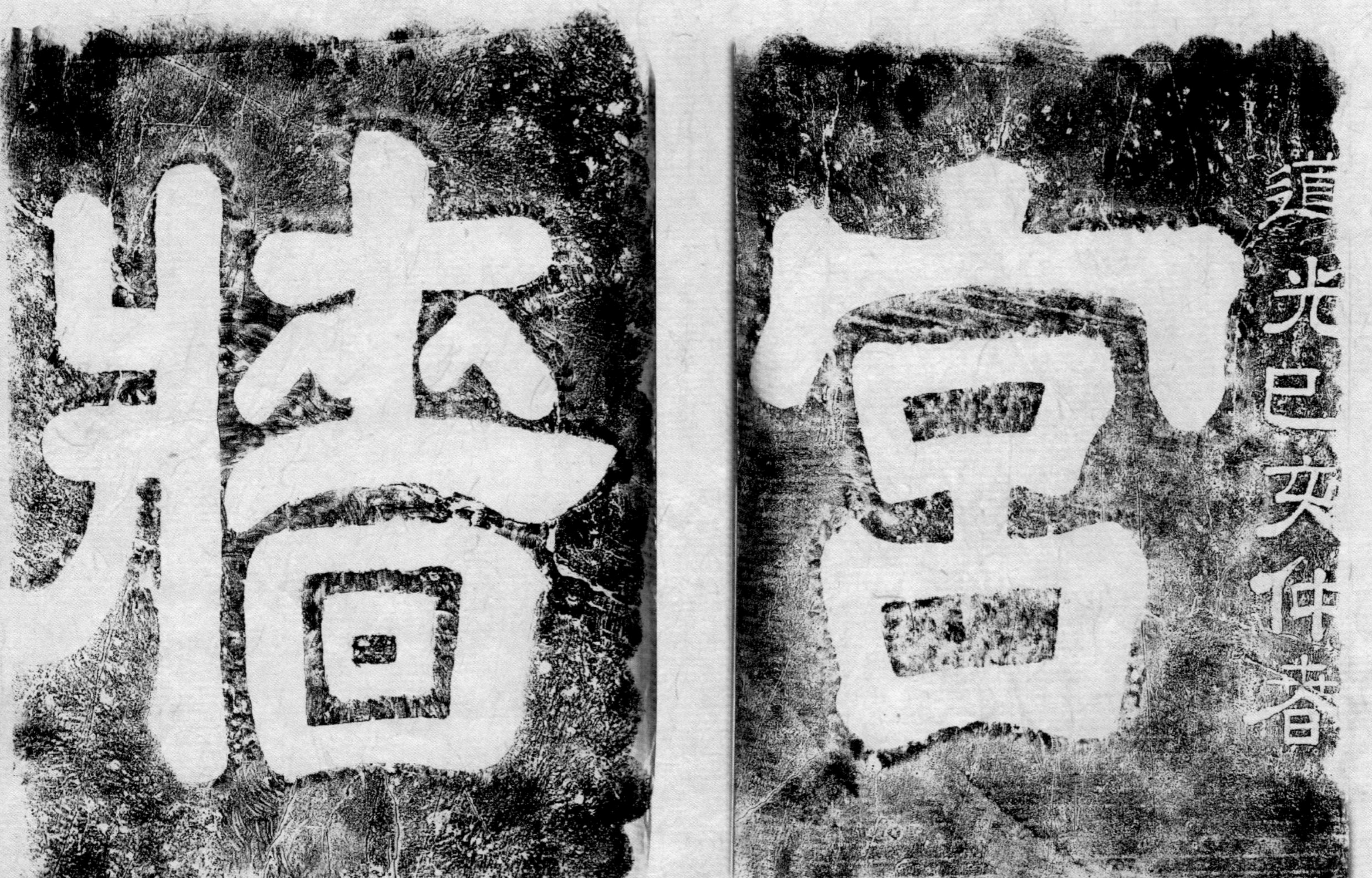
宮
牆
道光己亥仲春

清道光十九年（公元1839年）文庙宫墙万仞（碑）　288cmx94cm

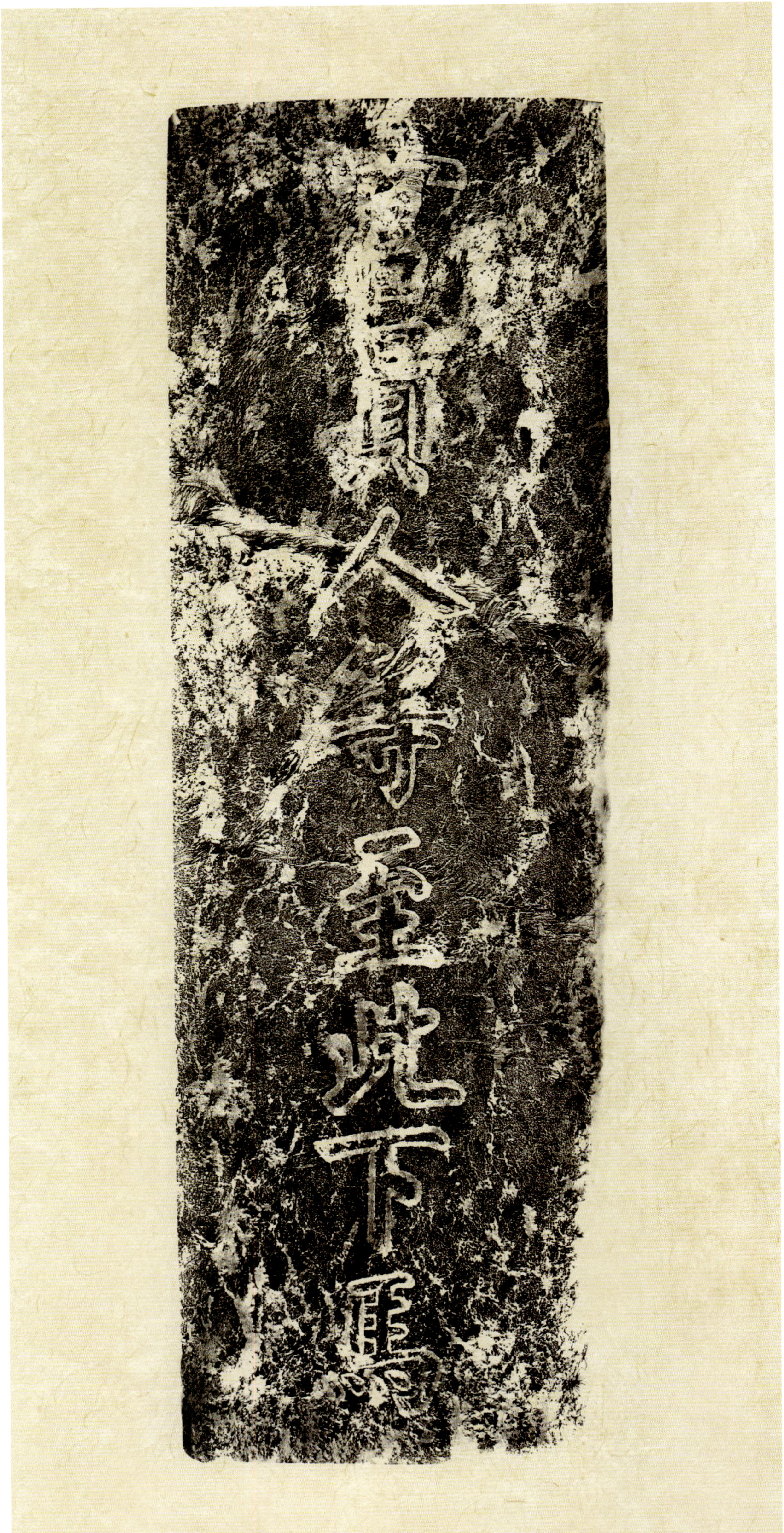

文庙 官员人等至此下马（碑） 180cmx60cm

浪石篇

浪石村位于武冈市东部，地处武冈、新宁、邵阳、隆回、洞口五县交界处，古有鸡鸣五县之说。公元1409年，王氏祖先王政海相中了这块地方，从外迁居于此，因见后山上石板层层翻起，其形如浪，有浪人至此，如石生根之意，而定居家园。

随着王氏子孙的繁衍发达，加上浪石便利的交通条件，王家逐渐富裕兴旺起来了，于是开始大兴土木，整齐划一地建起了保存至今的古民居88座，总面积10880平方米，保存完整的55座，面积6930平方米，均为砖木结构。从砖石上的刻字看，现存民居较早的建于康熙五十二年（公元1713年），最近的建于民国2年（公元1913年）。古民居依山而建，前低后高，排列有序，建筑规划合理，特点显著。每座房屋的角门全由石梁、石坊、石槛、石墩组成，石坊上都刻有楹联，是这个村落的最大特点。在全国尚未发现规模如此之大，保存如此完好的石刻古楹联村。2012年，中国楹联学会下文授予该村『中国古楹联第一村』的称号。

全村现存石刻楹联41副，在这些古楹联中，绝大多数对仗工整，蕴含深厚，积极向上，实乃居室对联的上乘之作。这些楹联的书法也具有很高的艺术价值。楷书、行书、隶书、草书等字体皆备，或遒劲，或清秀，或端庄挺拔、或飘逸灵动。有好几副似出于清代著名书法家何绍基之笔。

释文：聊以避燥湿寒暑　差不同湫隘嚣尘　170cmx32cmx2

释文：万里前程从此起　一生大业看将来　168cmx32cmx2

释文：放眼相关天下事　入门且喜一家春　168cmx32cmx2

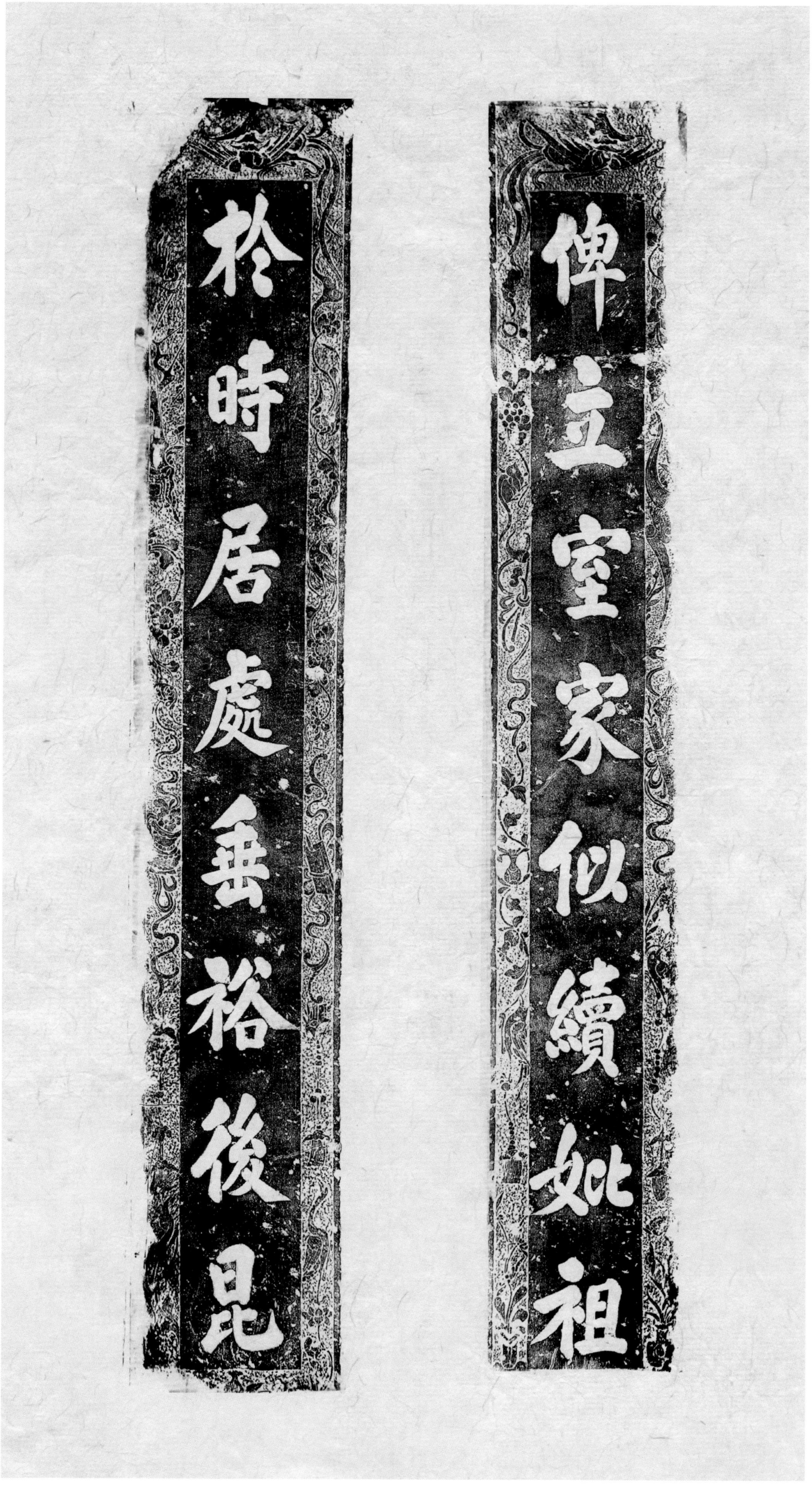

释文：俾立室家似续妣祖　于时居处垂裕后昆　178cmx28cmx2

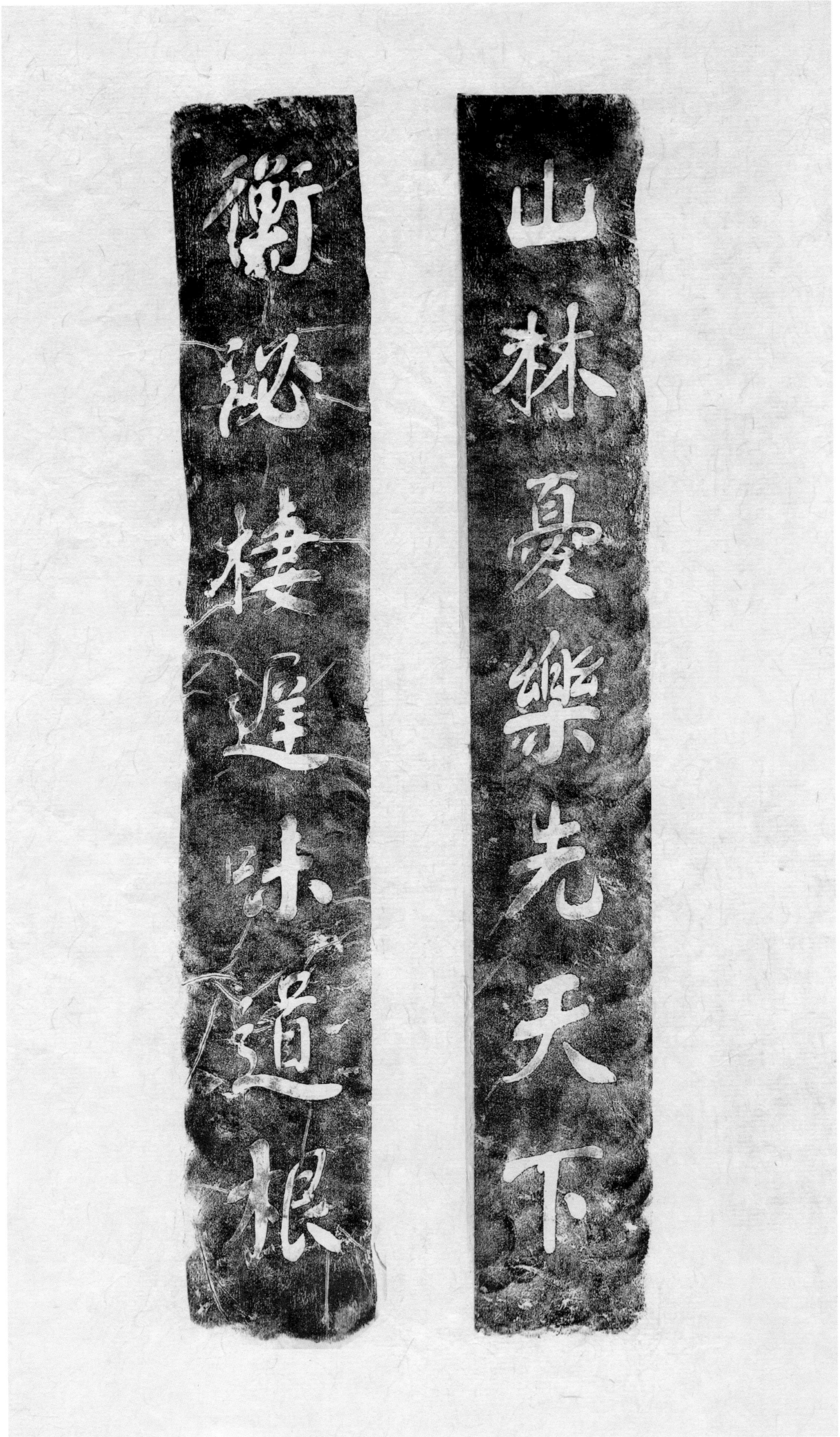

释文：山林忧乐先天下　衡泌栖迟味道根　158cmx26cmx2

释文：也欲植槐兼师种竹　未堪容驷敢谓登龙　176cmx26cmx2

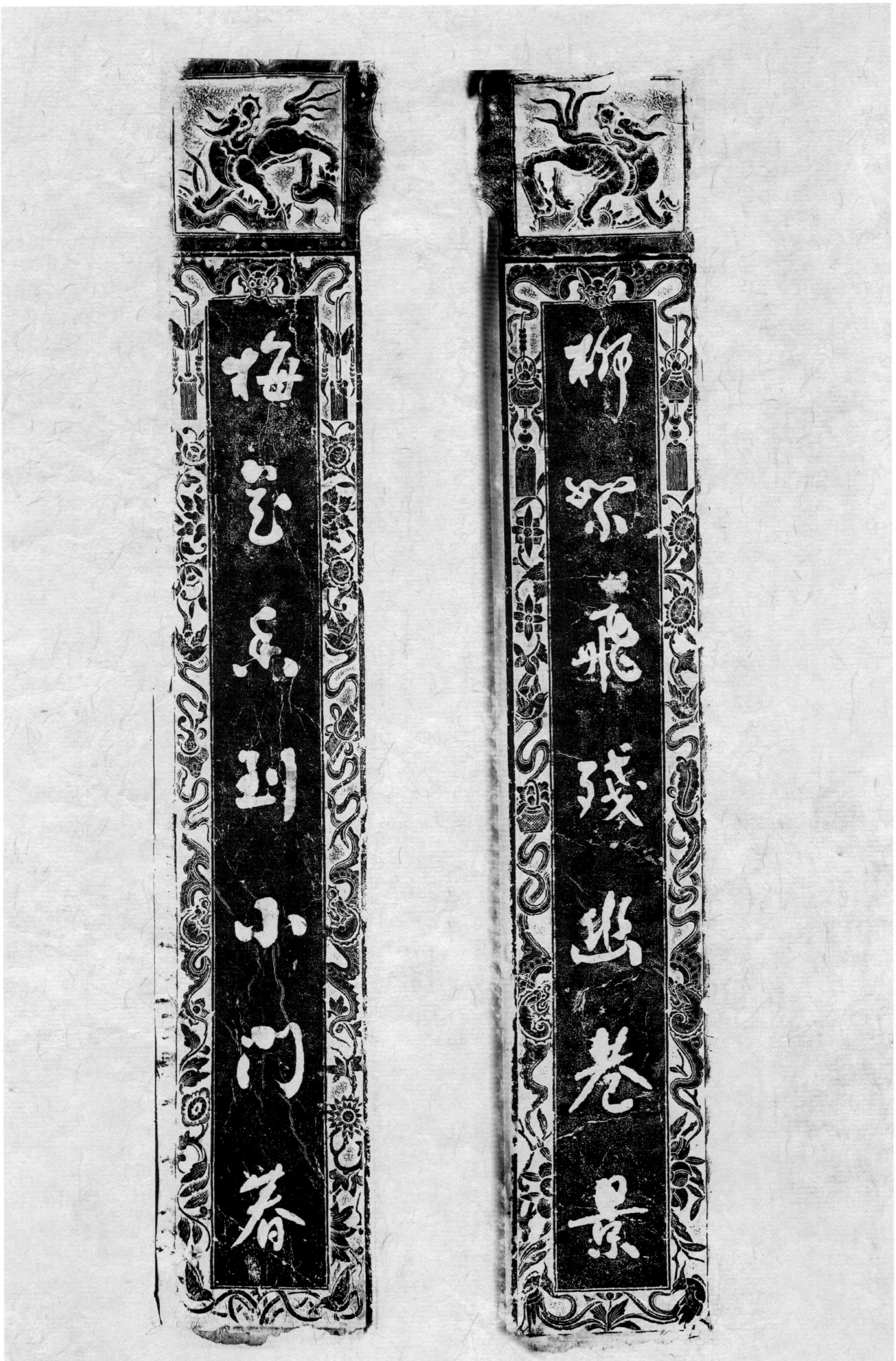

释文：柳絮飞残幽巷景　梅花香到小门春　170cmx32cmx2

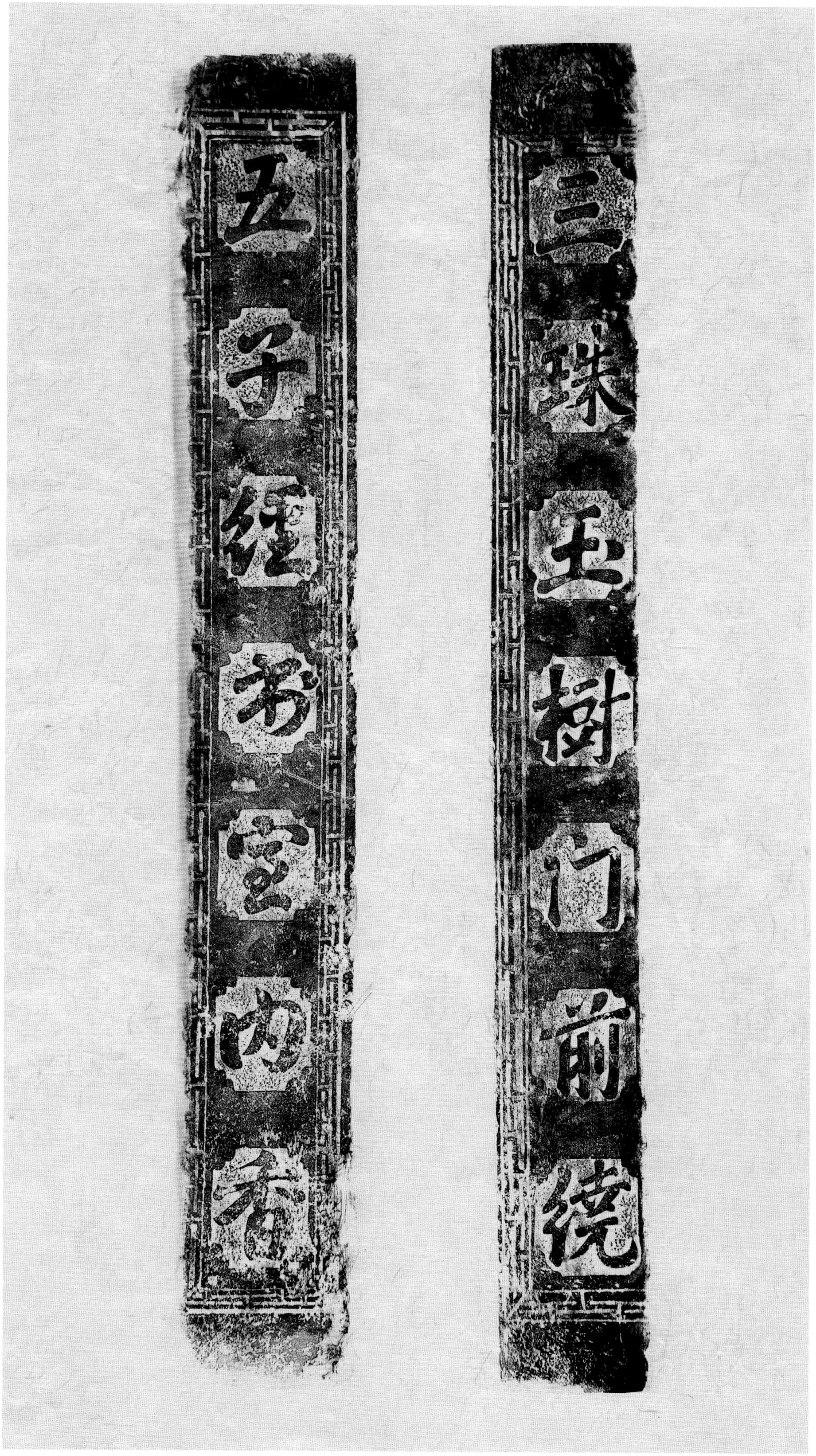

释文：三珠玉树门前绕　五子经书室内香　166cmx23cmx2

释文：一轮秋月光凝户 十里春风香到门 168cmx32cmx2

释文：往来若乾坤旋地　出入如日月经天　156cm×26cm×2

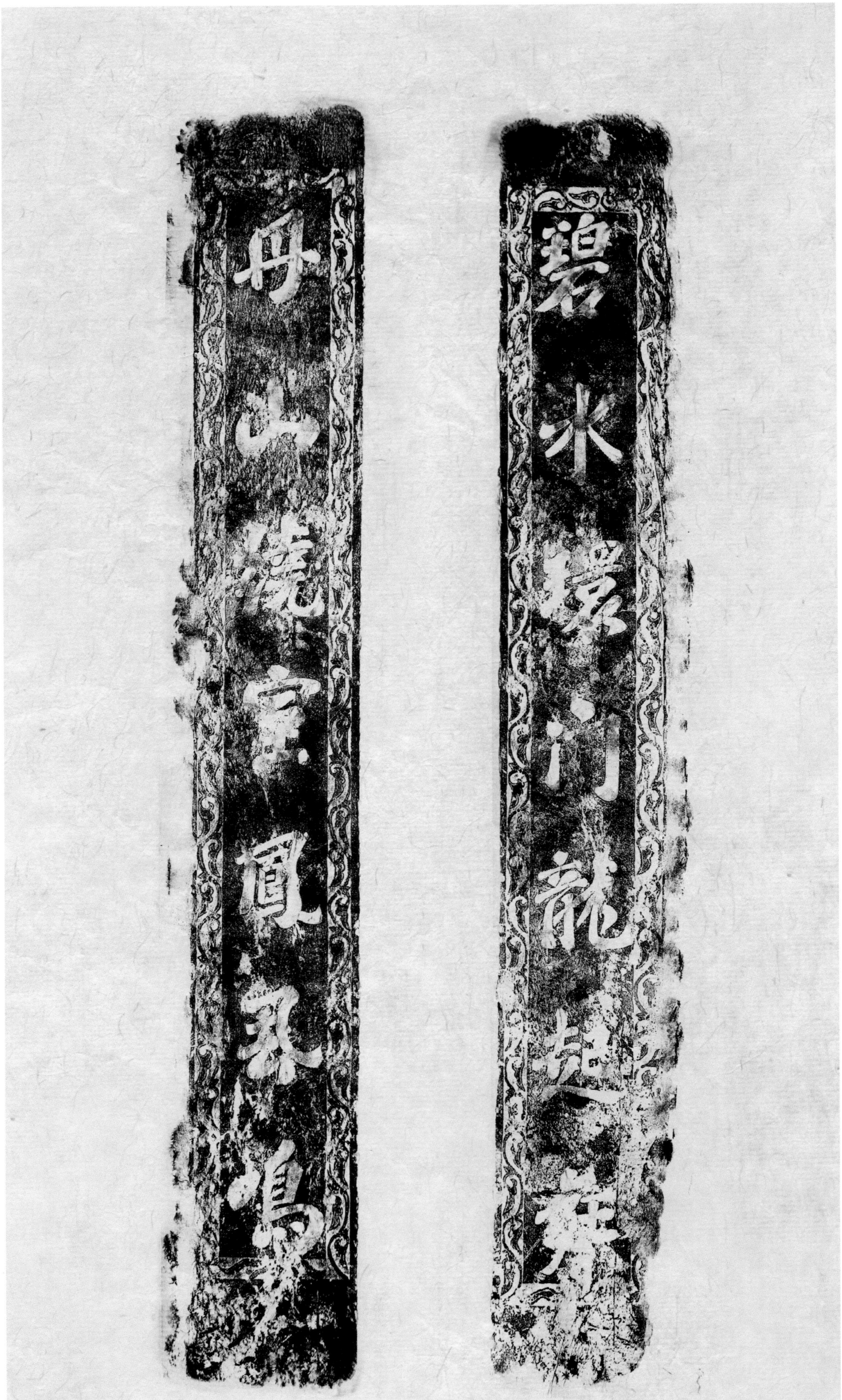

释文：碧水环门龙起舞　丹山绕室凤飞鸣　170cmx23cmx2

释文：齐家治国平天下　尽孝竭忠处世间　180cmx38cmx2

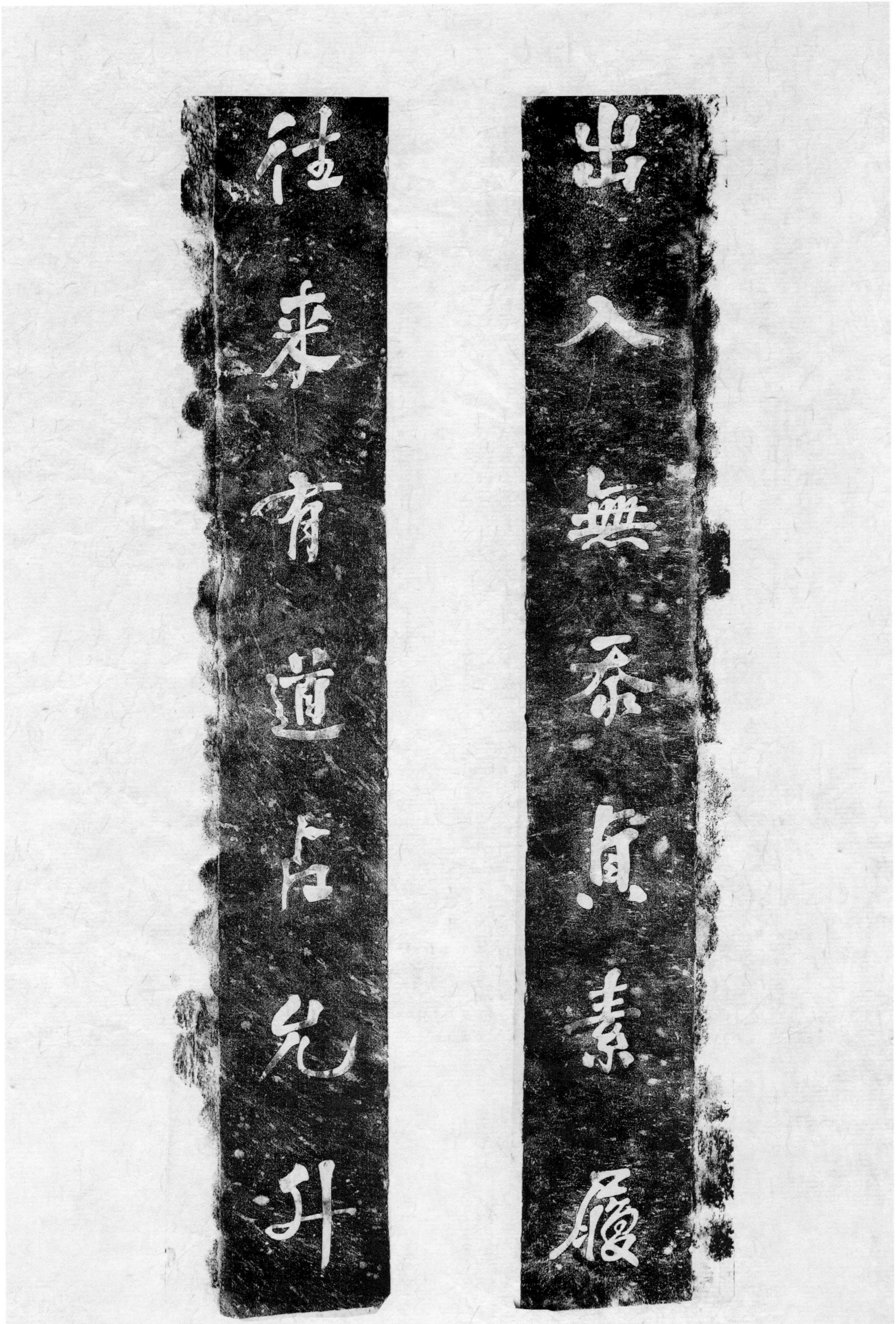

释文：出入无忝贞素履　往来有道占允升　168cmx32cmx2

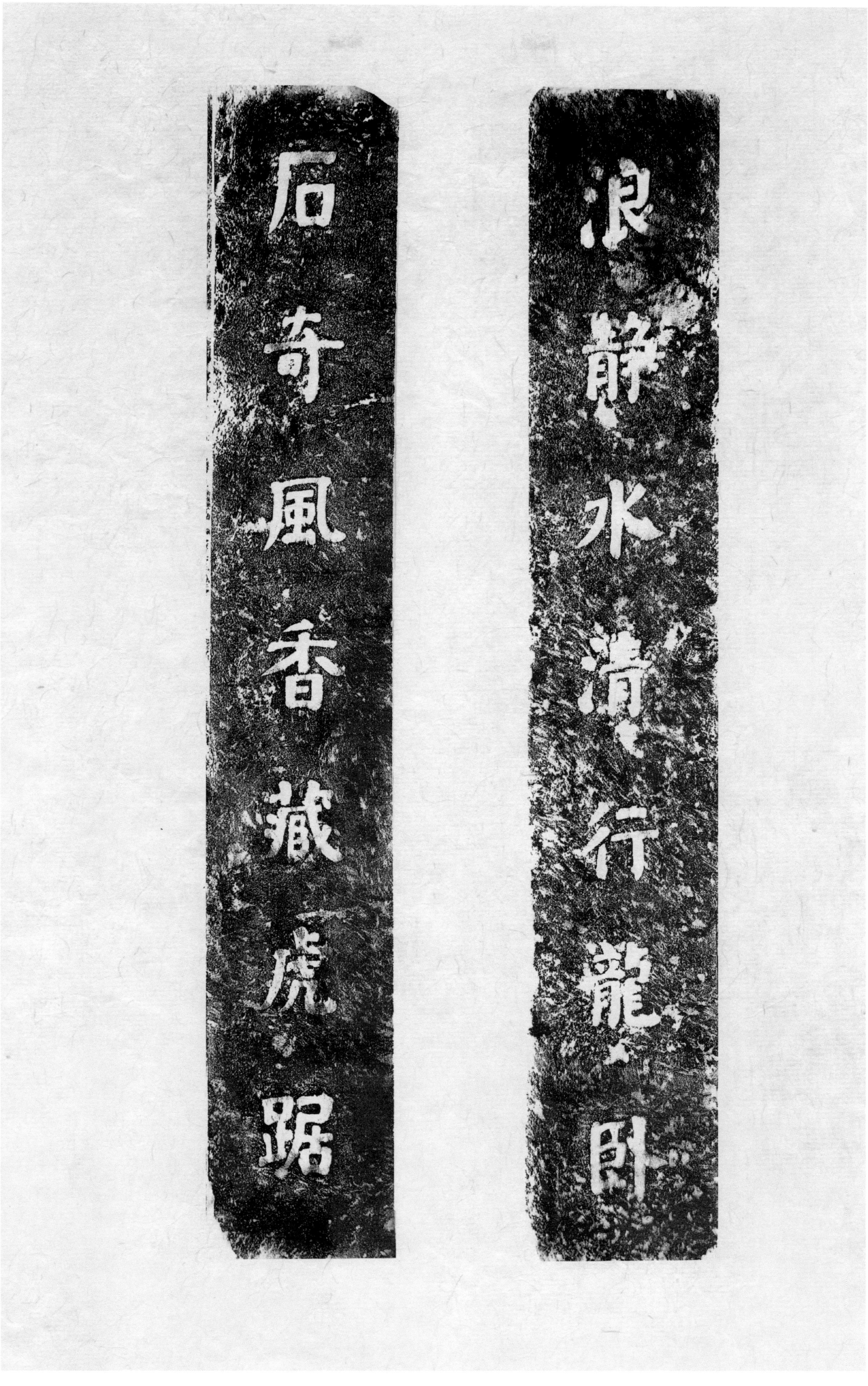

释文：浪静水清行龙卧　石奇风香藏虎踞　163cmx26cmx2

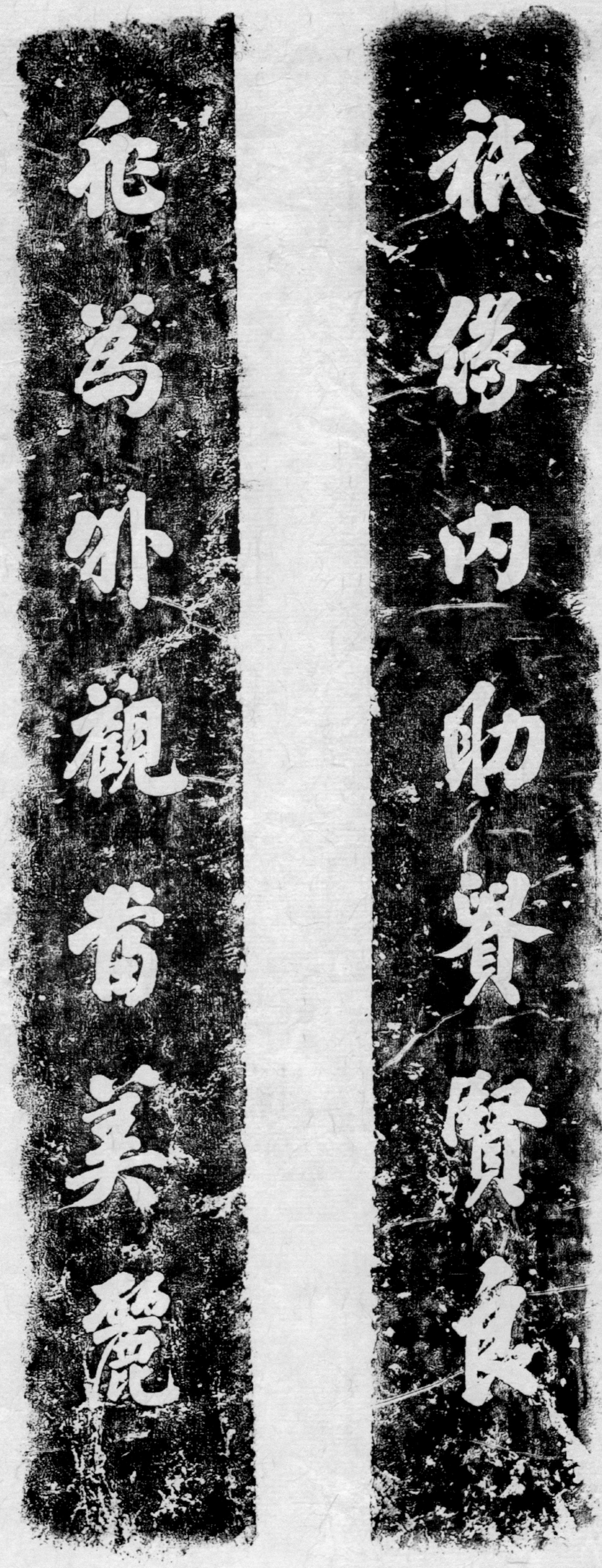

释文：只缘内助贵贤良　非为外观当美丽　165cmx30cmx2

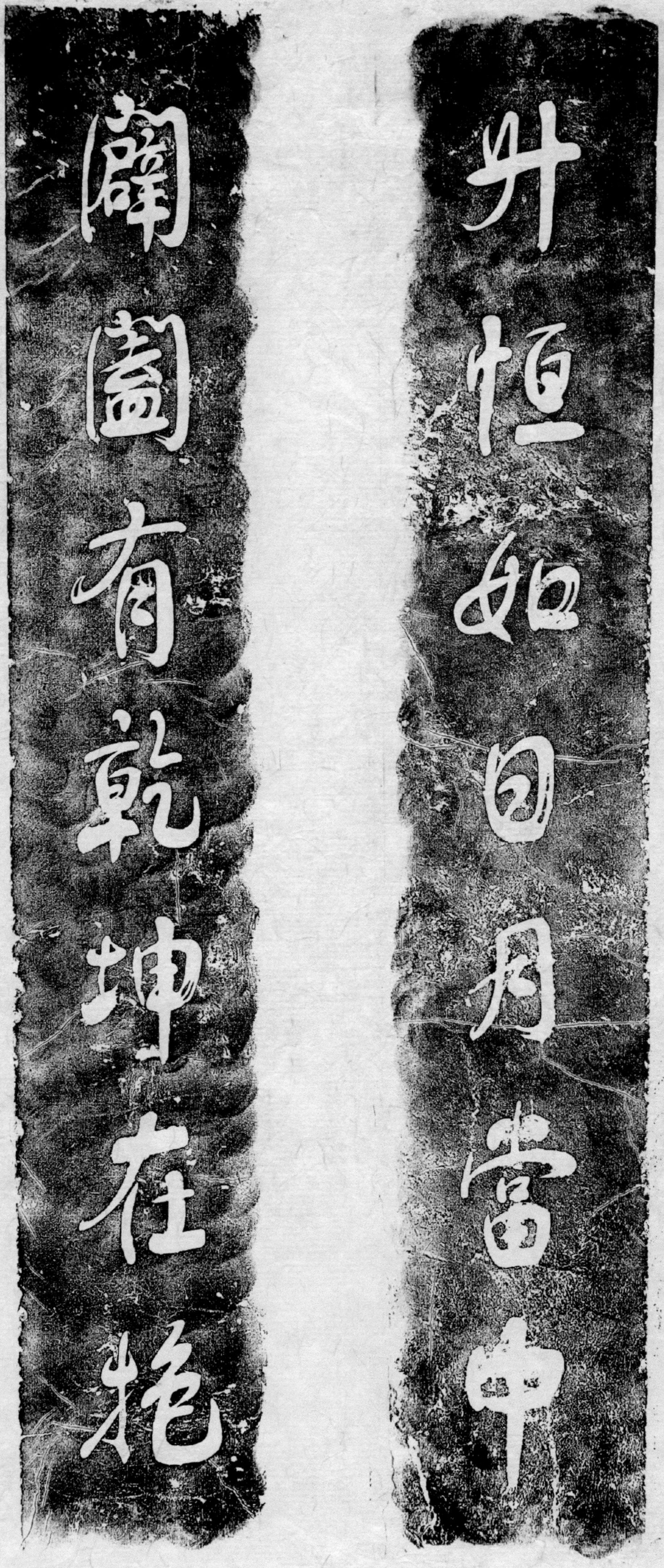

释文：升恒如日月当中　闢阖有乾坤在抱　160cmx26cmx2

角门石刻 88cmx38cmx2

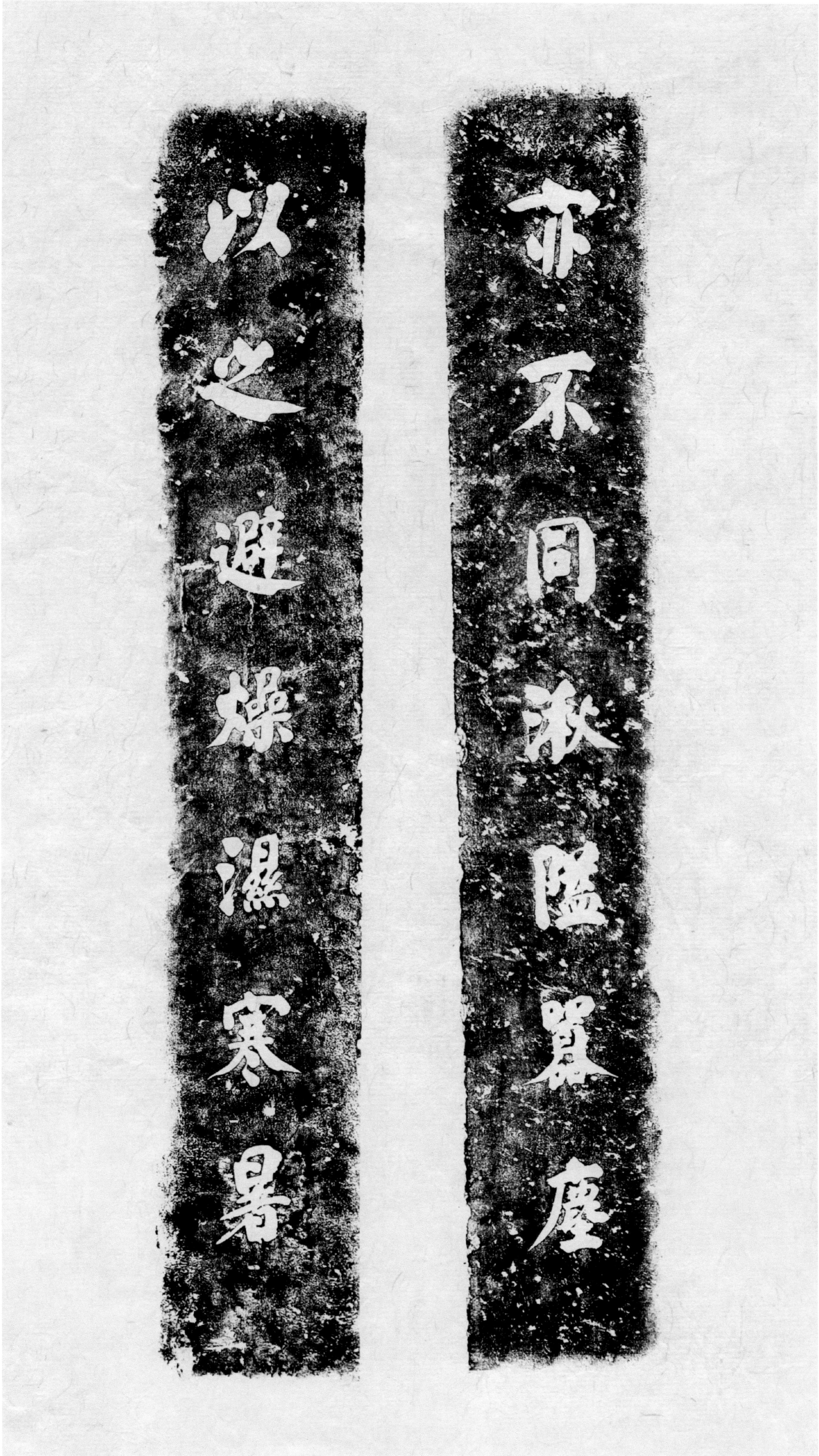

释文：亦不同湫隘嚣尘　以之避燥湿寒暑　165cmx30cmx2

水缸石刻　260cmx90cm

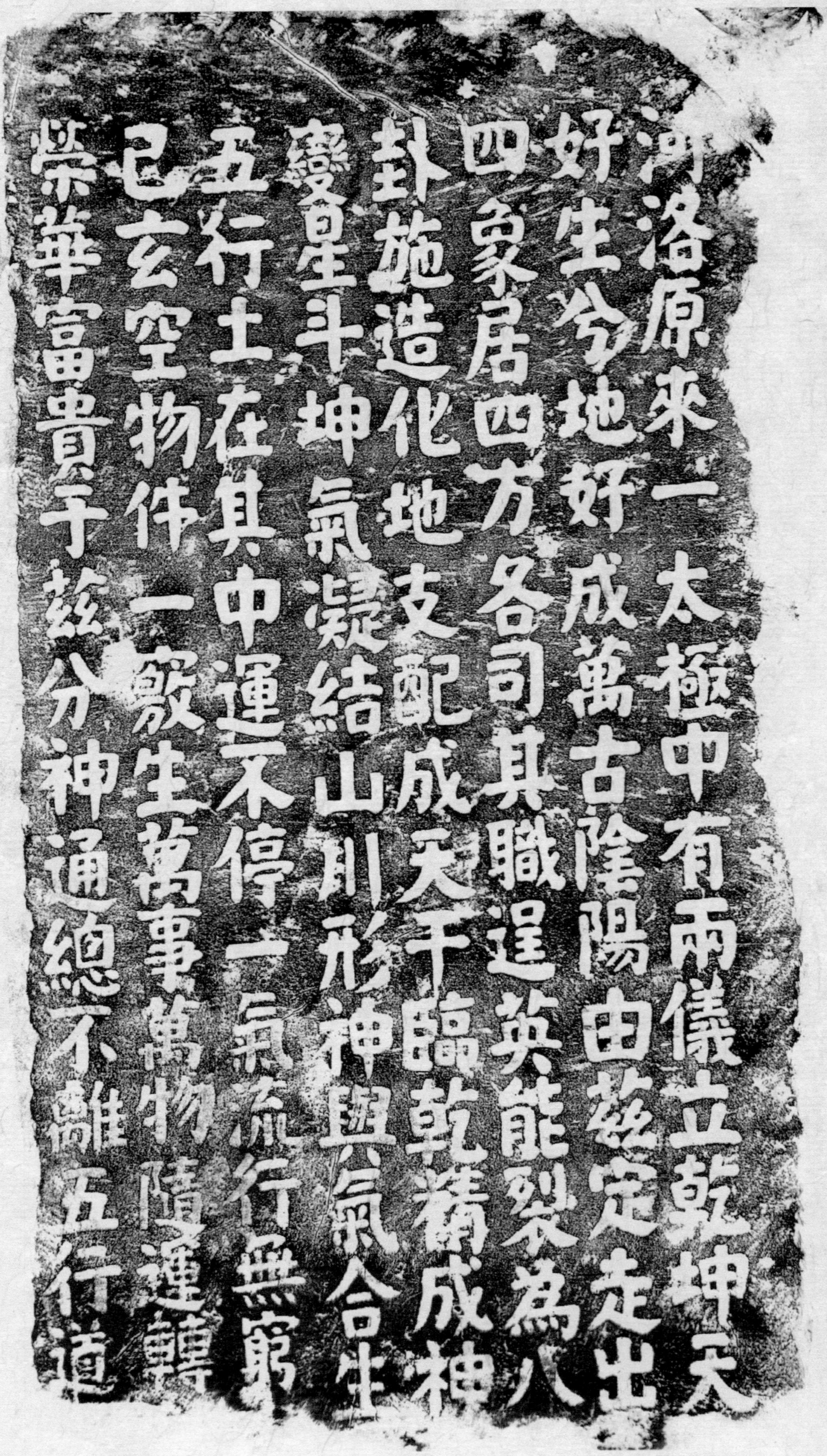

河洛原來一太極中有兩儀立乾坤天
好生兮地好成萬古陰陽由茲定走出
四象居四方各司其職逞英能列為八
卦施造化地支配成天干臨乾藕成神
變星斗坤氣凝結山川形神與氣合生
五行土在其中運不停一氣流行無窮
已玄空物件一般生萬事萬物隨運轉
榮華富貴于茲分神通總不離五行道

民国25年（公元1936年）王云池建造撰书（碑） 108cmx62cm

民国25年（公元1936年）王云池建造撰书（碑） 98cmx60cm

上：楹联横批 俭让是宝 90cmx25cm 下：楹联上方石刻 30cmx30cm

碎玉篇

如果说法相岩、云山、浪石的镌刻是三块大玉，武冈其他一些地方的镌刻则是一些散落的碎玉了。武冈人有文化品位，建房舍、造祠堂、构庙宇，乃至架桥梁、立凉亭，都要镌刻楹联和匾额，还要在相关的地方雕龙镌凤刻花鸟，以明志趣，以观行止，以美化生活。翻阅、鉴赏从武冈城乡各地采撷而来的碎玉，无疑是文化的享受，是美的熏陶，而在翻阅、鉴赏的过程中，不时会从内心发出感叹：陋巷、穷乡有人才，有文化！可惜这些散落的碎玉采撷到的还不多。

释文：地近德邻居安仁里（上联） 183cmx60cm 旱西门社区庆丰巷曾家院子门联

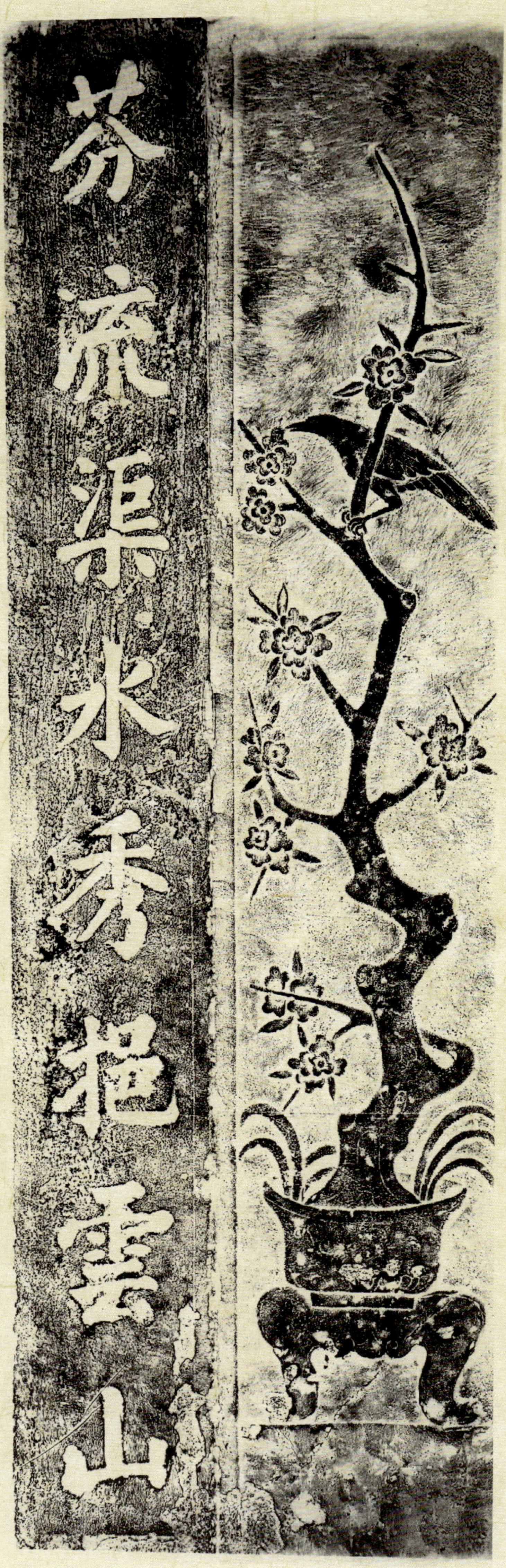

释文：芬流渠水秀挹云山（下联） 183cmx60cm

旱西门社区庆丰巷曾家院子门联

释文：欲畅天怀仁山知水　放开眼界鱼跃鸢飞　155cmx23cmx2　双牌乡清和村

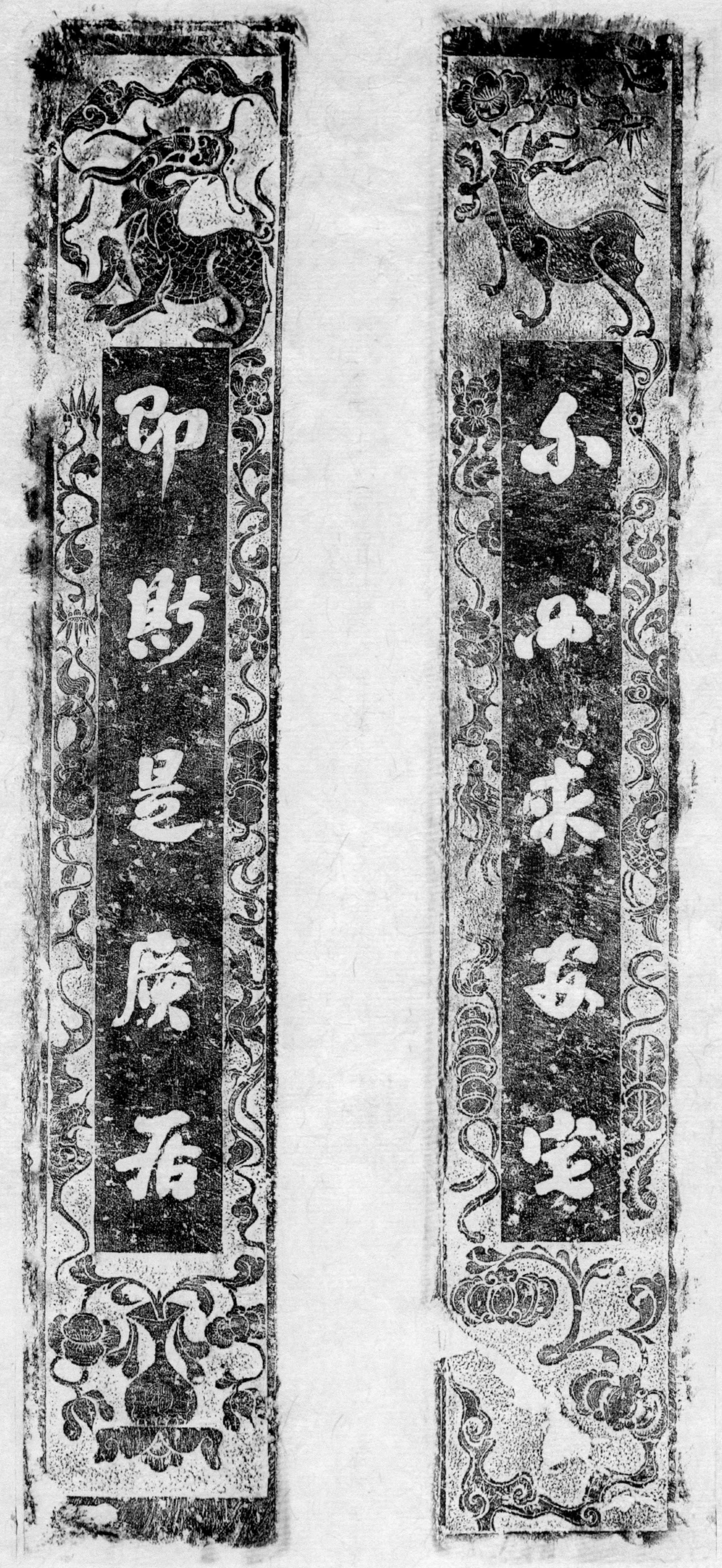

释文：不必求安宅　即斯是广居　168cm×26cm×2　双牌乡清和村

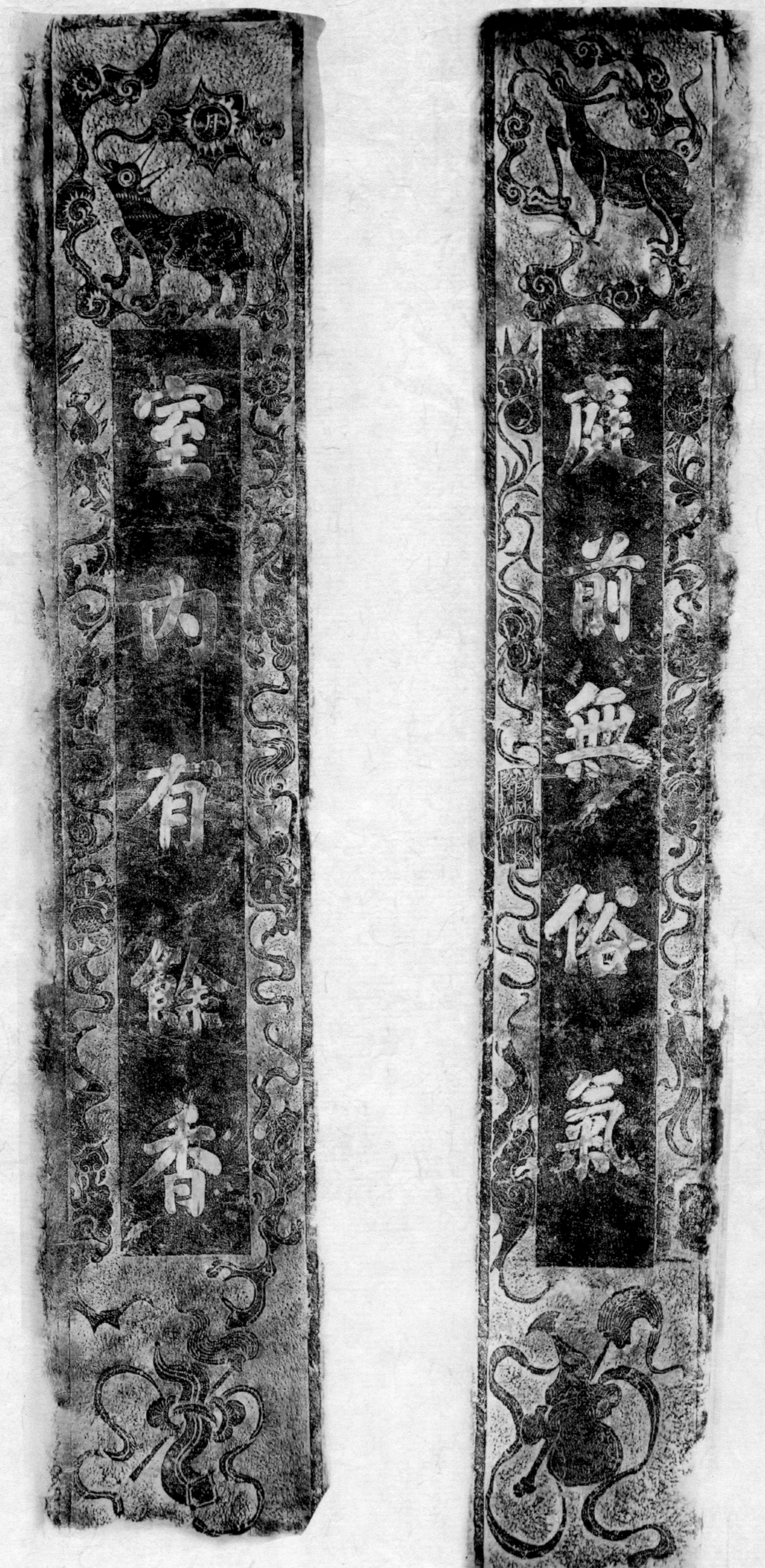

释文：庭前无俗气　室内有余香　162cmx28cmx2　双牌乡清和村

释文：席先业食德服畴　遵圣言居仁由义　148cm×26cm×2　双牌乡清和村

释文：一水环流清光可挹　高峰对峙秀色堪嘉　150cmx26cmx2　邓家铺镇永兴村沈家院子

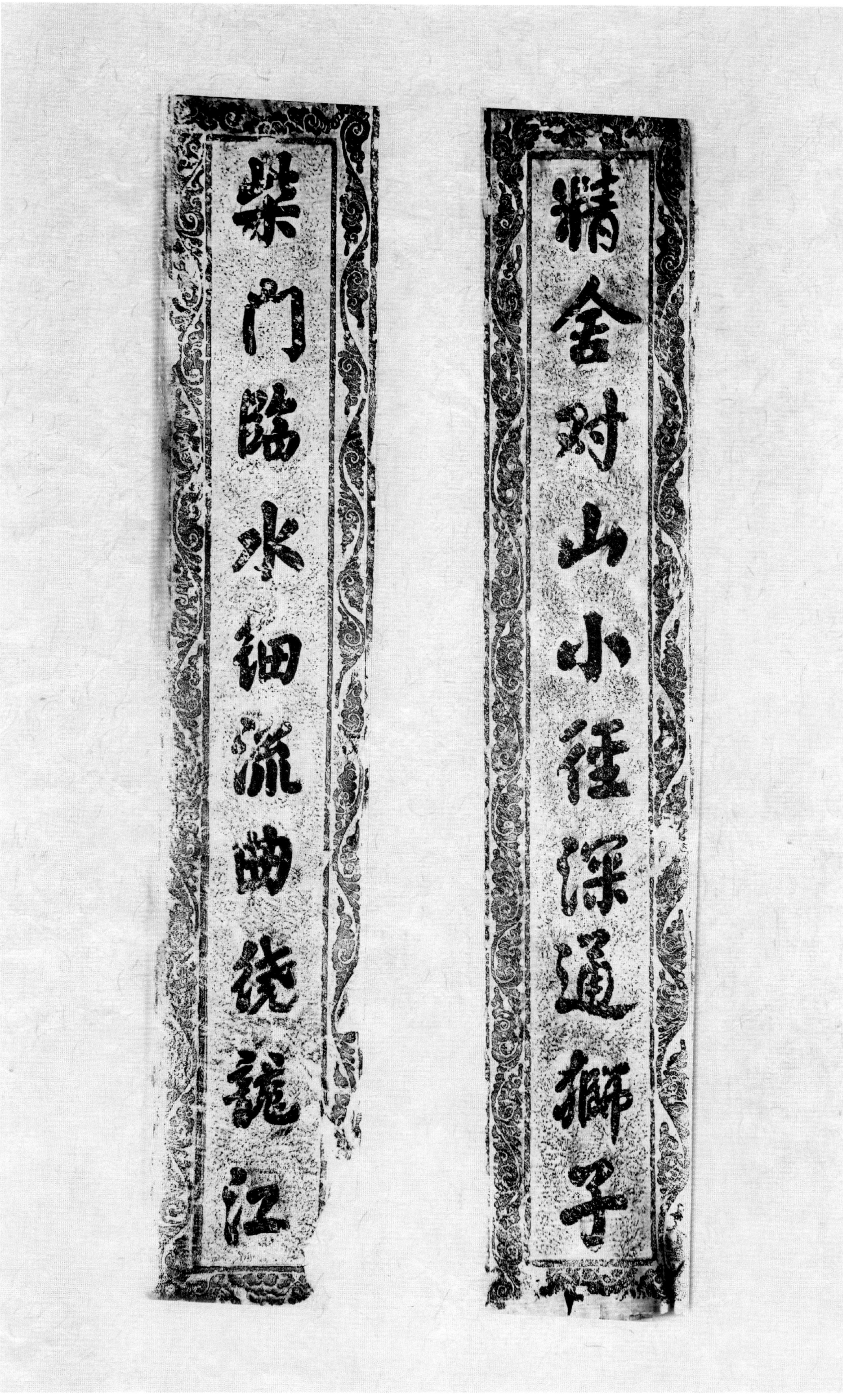

释文：精舍对山小径深通狮子　柴门临水细流曲绕龙江　178cmx32cmx2　邓家铺镇永兴村沈家院子

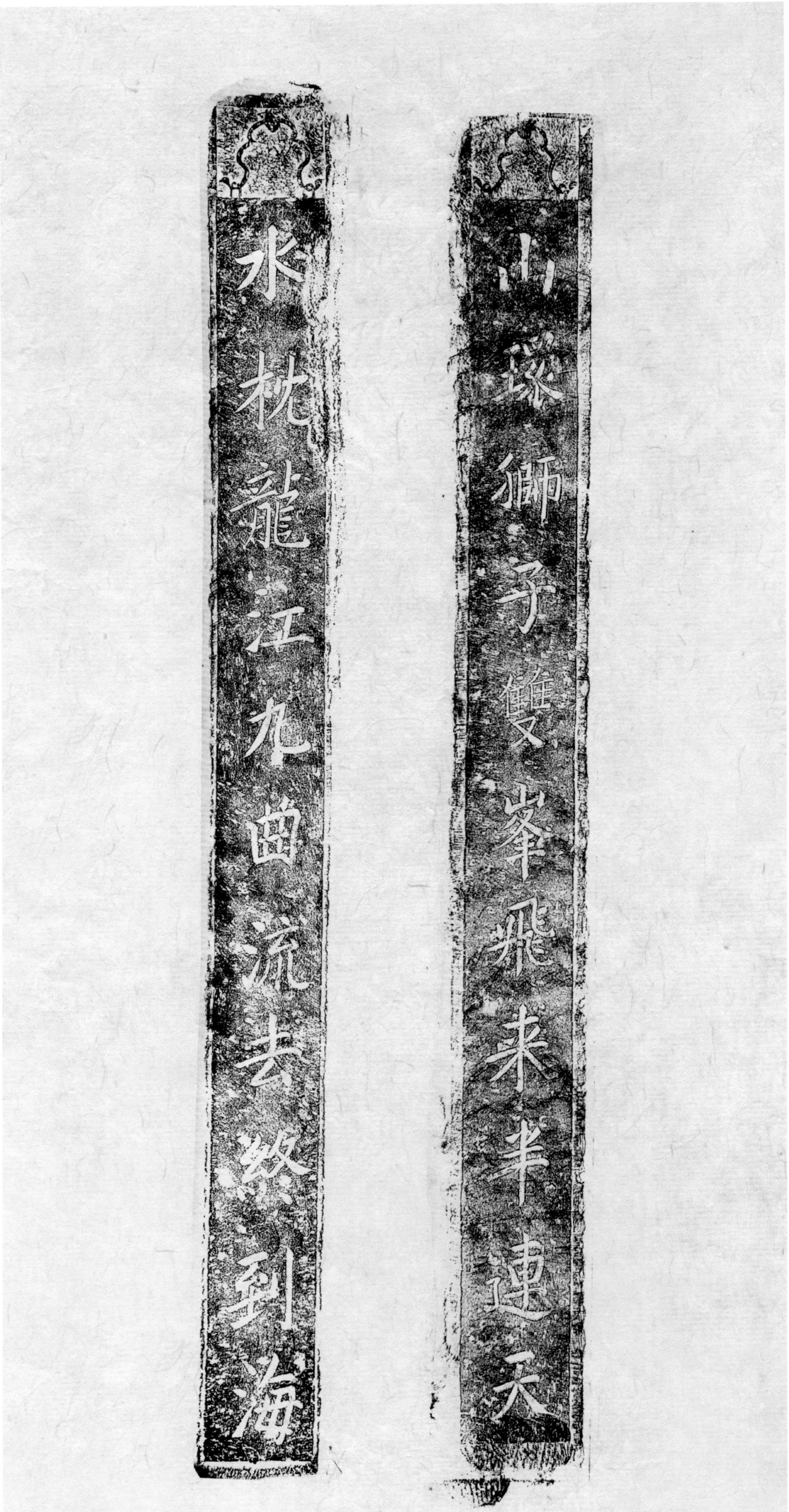

释文：山环狮子双峰飞来半连天　水枕龙江九曲流去终到海　170cmx18cmx2　邓家铺镇永兴村沈家院子

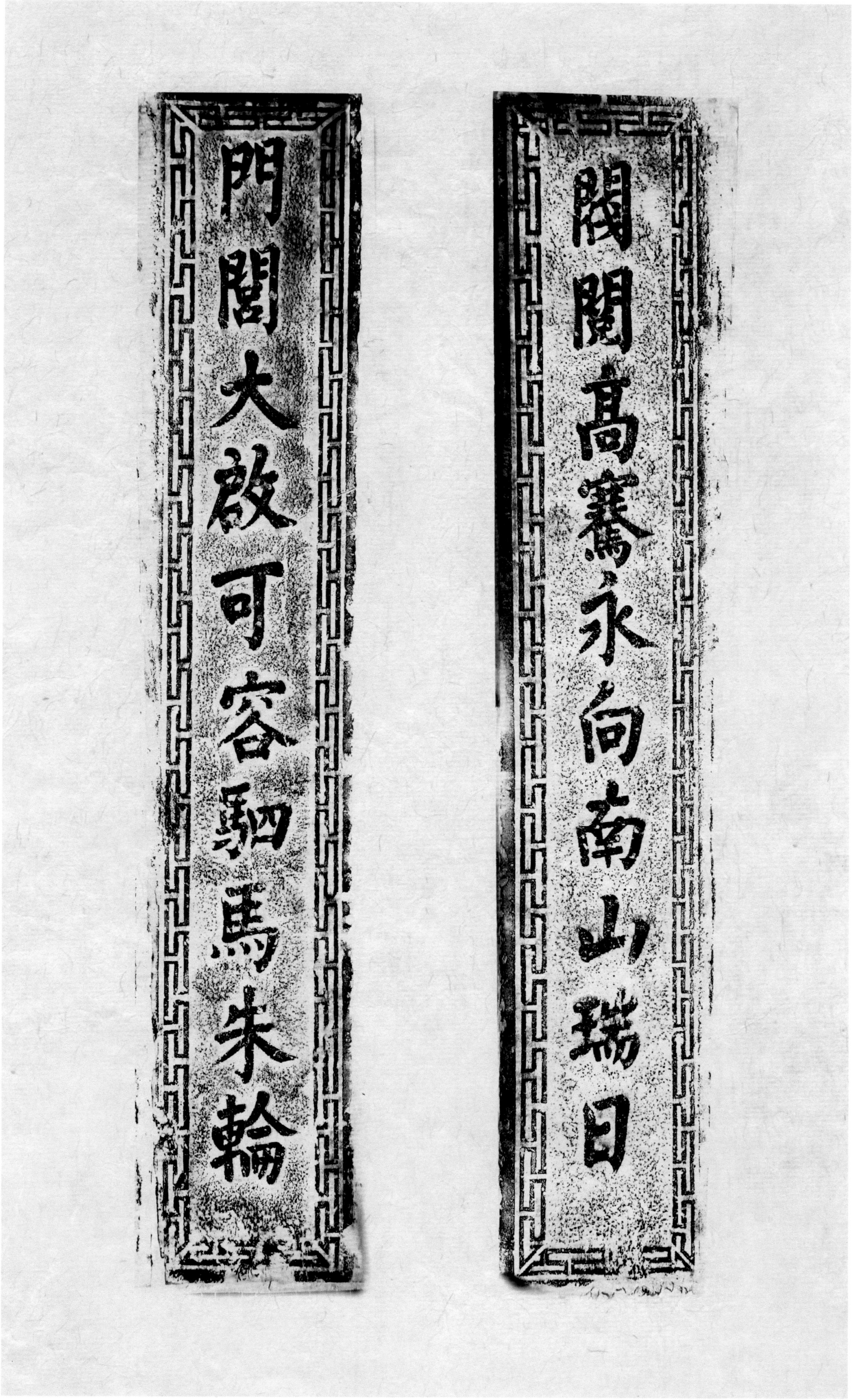

释文：阀阅高骞永向南山瑞日　门闾大启可容驷马朱轮　178cmx32cmx2　邓家铺镇永兴村沈家院子

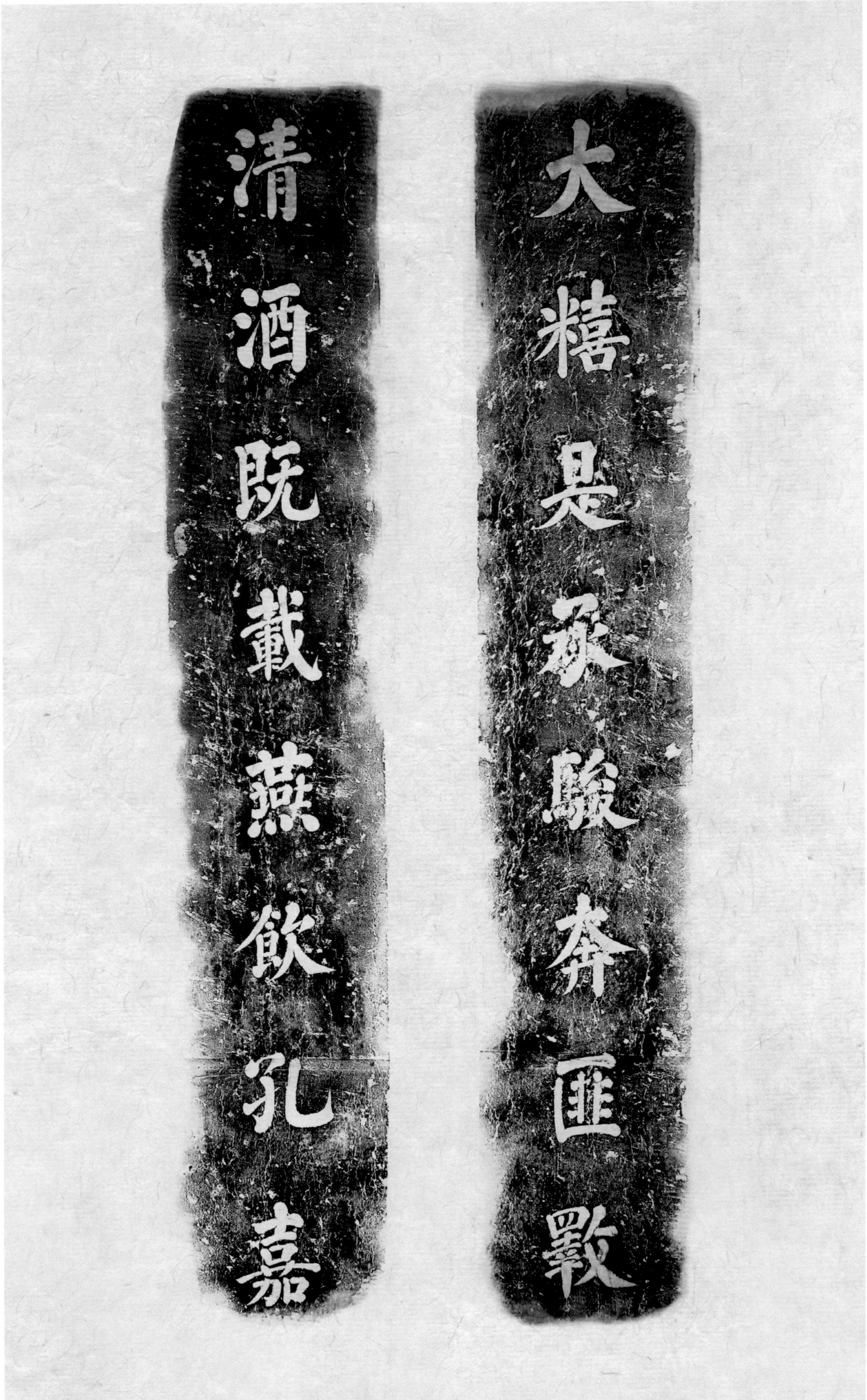

释文：大糦是承骏奔匪斁　清酒既载燕饮孔嘉　166cmx30cm x2　马坪乡铜盆村刘家祠堂

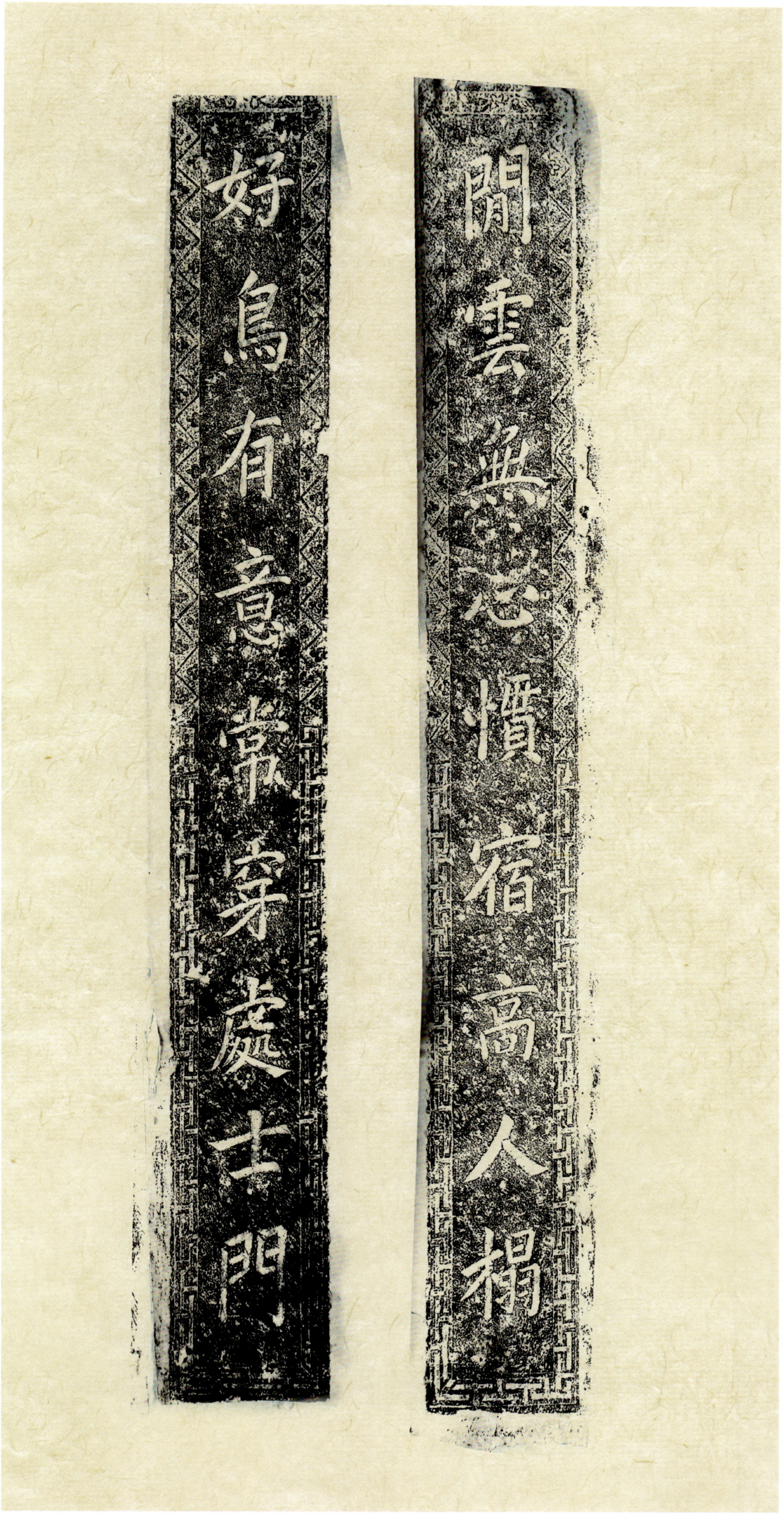

释文：闲云无心惯宿高人榻　好鸟有意常穿处士门　172cmx21cmx2　邓家铺镇永兴村沈家院子

释文：竅有清泉钟秀气　山多奇石焕灵光　120cm×28cm ×2　双牌乡大坝村

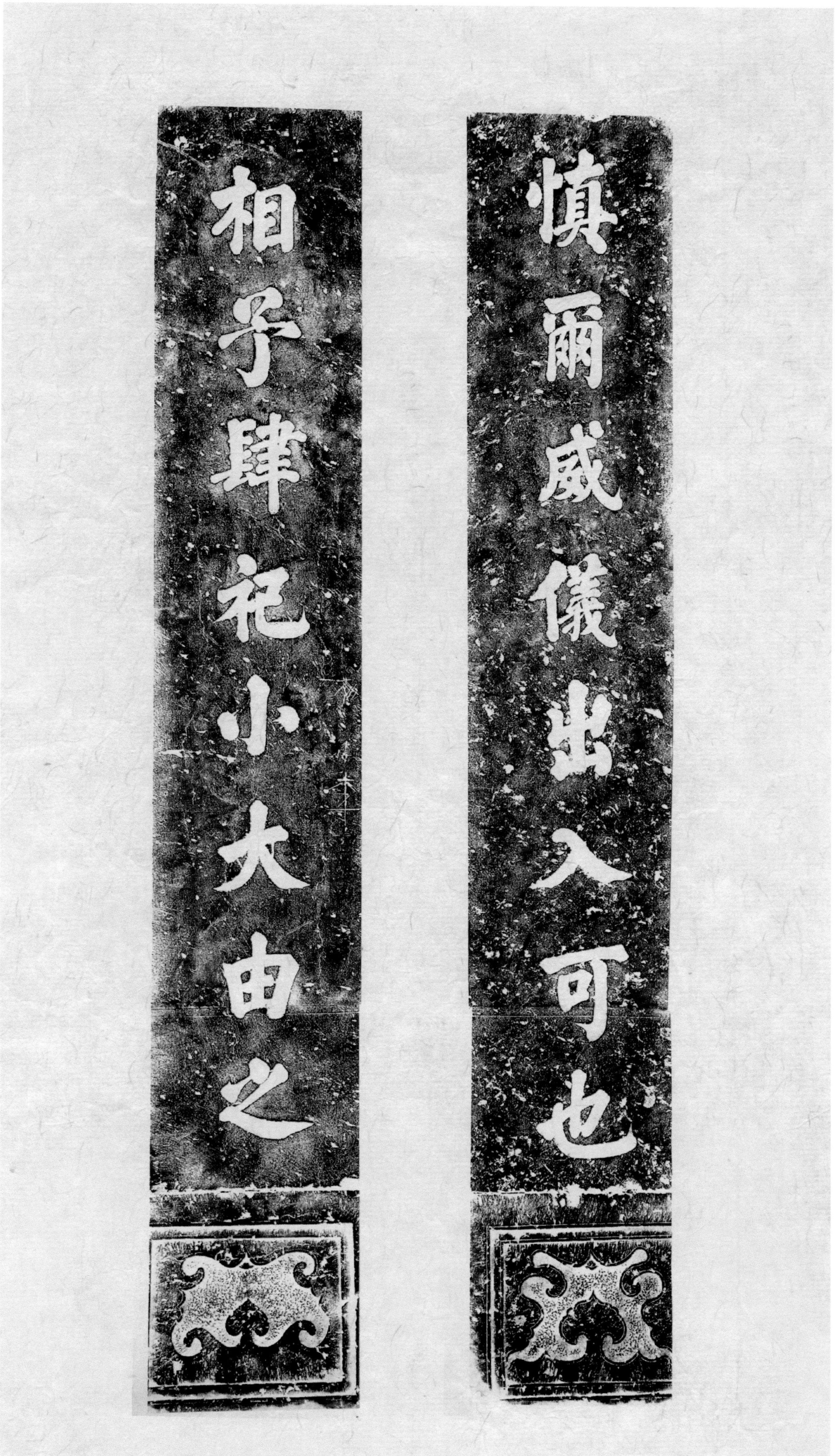

释文：慎尔威仪出入可也　相予肆祀小大由之　182cmx30cmx2　马坪乡铜盆村刘家祠堂

释文：回纥投诚频看金舆集阙　春中慕义争夸珠履盈门　180cmx30cm x2　双牌乡钟桥村回春殿

释文：仪垂 鲁国振家声 节著阳城绵世泽 166cmx30cmx2 双牌乡大坝村

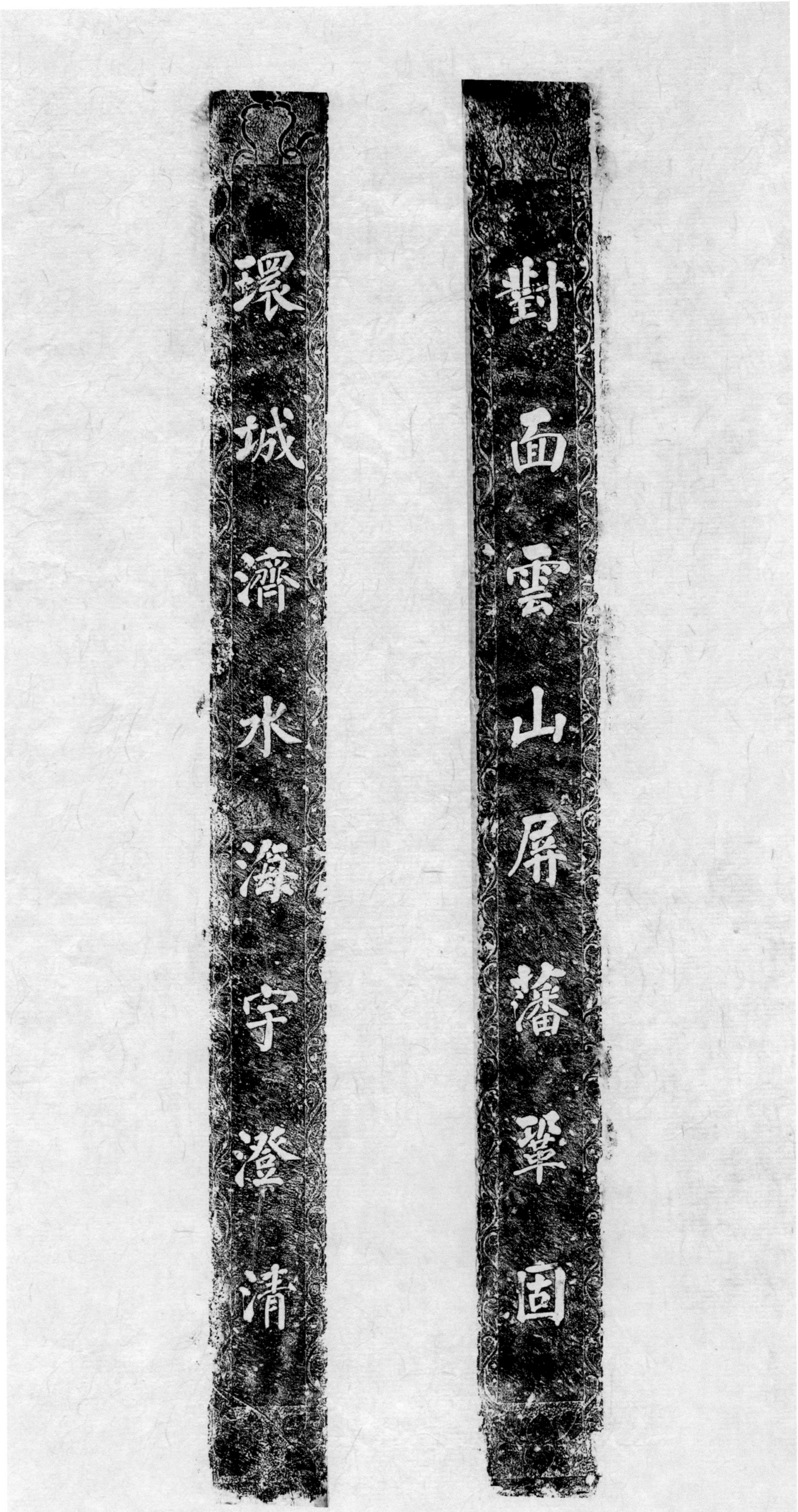

释文：对面云山屏藩巩固　环城济水海宇澄清　148cmx26cmx2　武冈市原笔杆厂

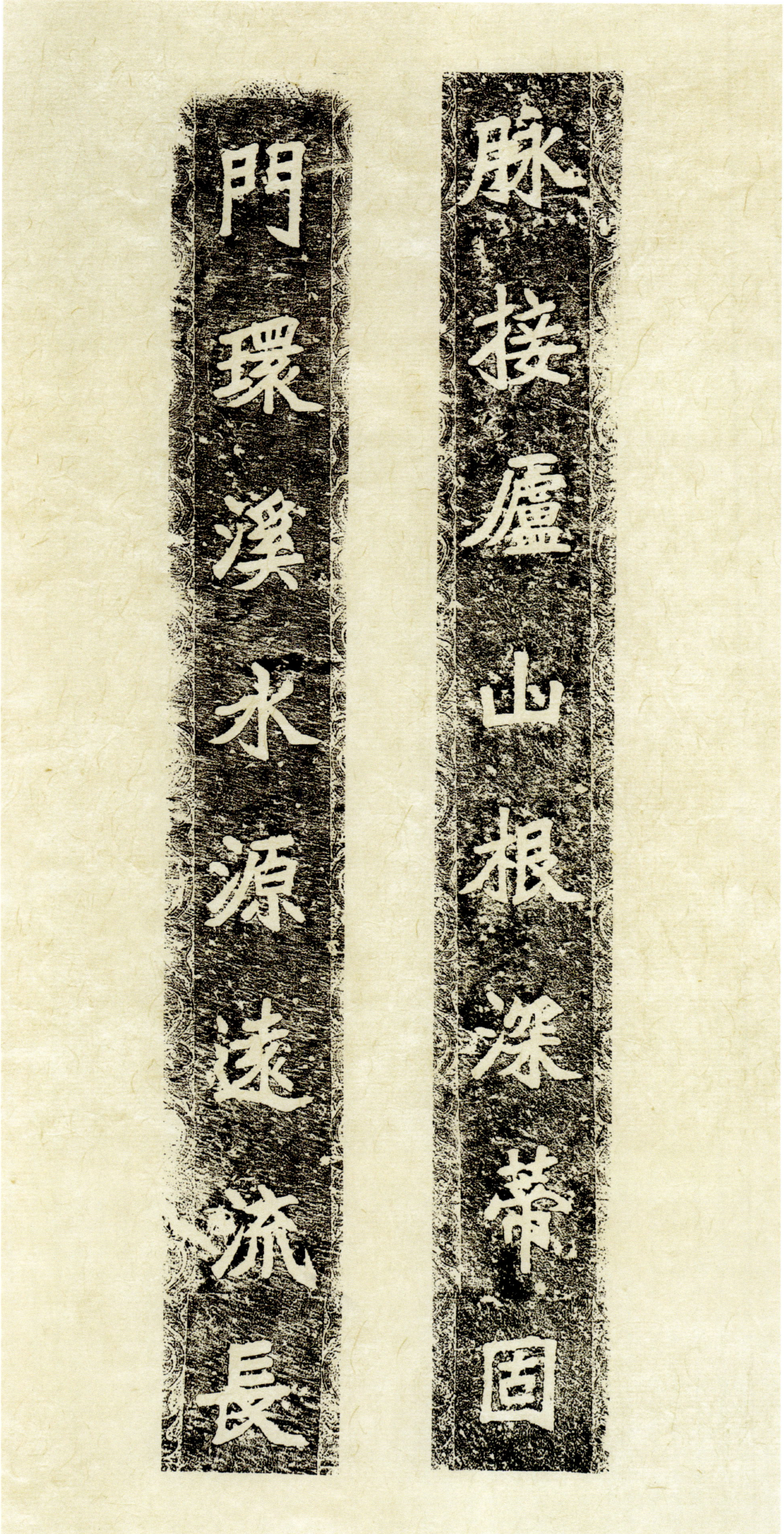

释文：脉接庐山根深蒂固　门环溪水源远流长　196cmx28cmx2　司马冲镇田心村匡家祠堂

释文：祖泽溯源流派衍三房开骏业（上联） 206cmx68cm 湾头桥镇龙门村

释文：孙支绵脉络统承六代启鸿图（下联） 206cmx68cm 湾头桥镇龙门村

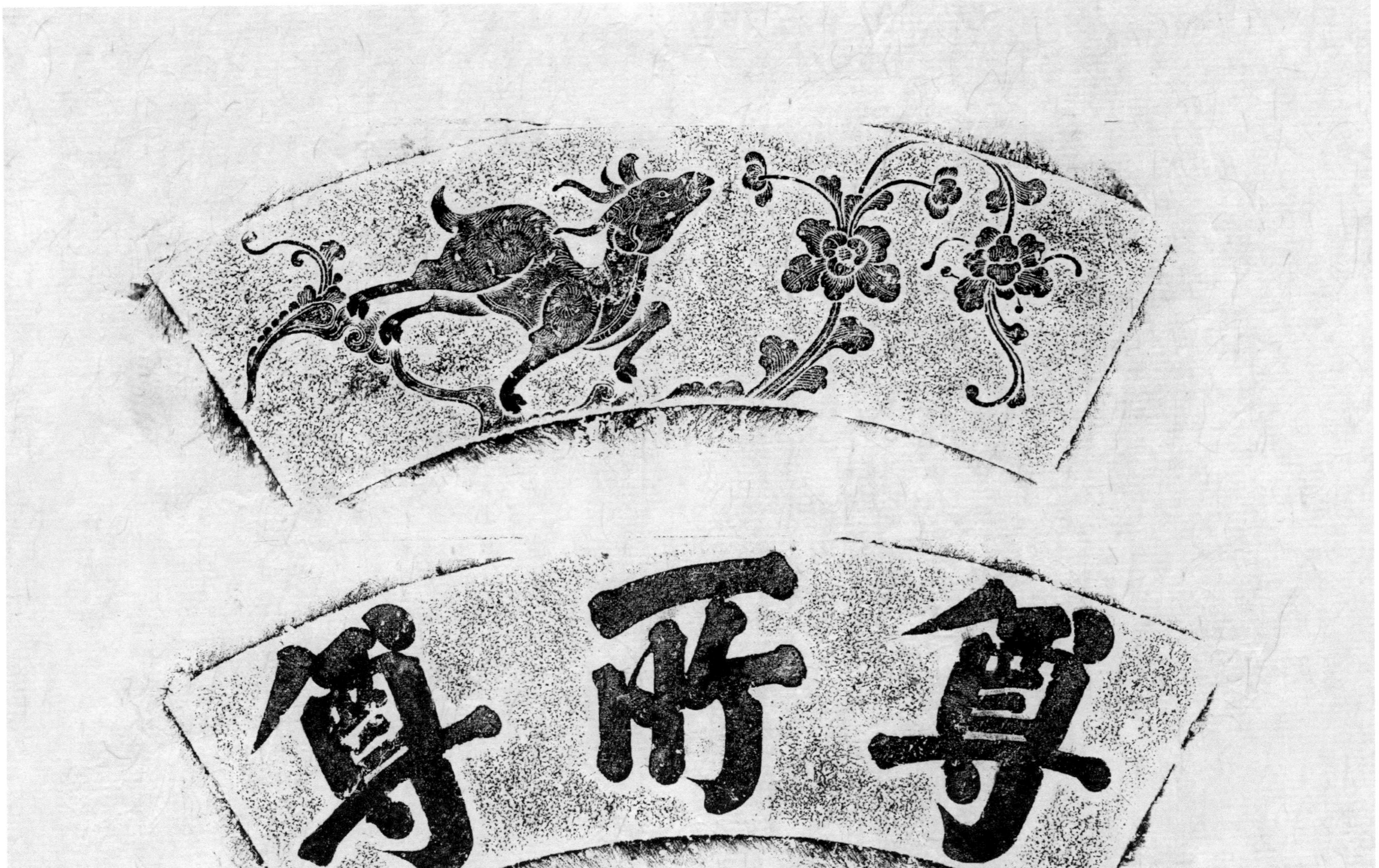

80cmx35cmx3　马坪乡铜盆村刘家祠堂

80cmx35cmx3　马坪乡铜盆村刘家祠堂

80cmx35cmx3　马坪乡铜盆村刘家祠堂

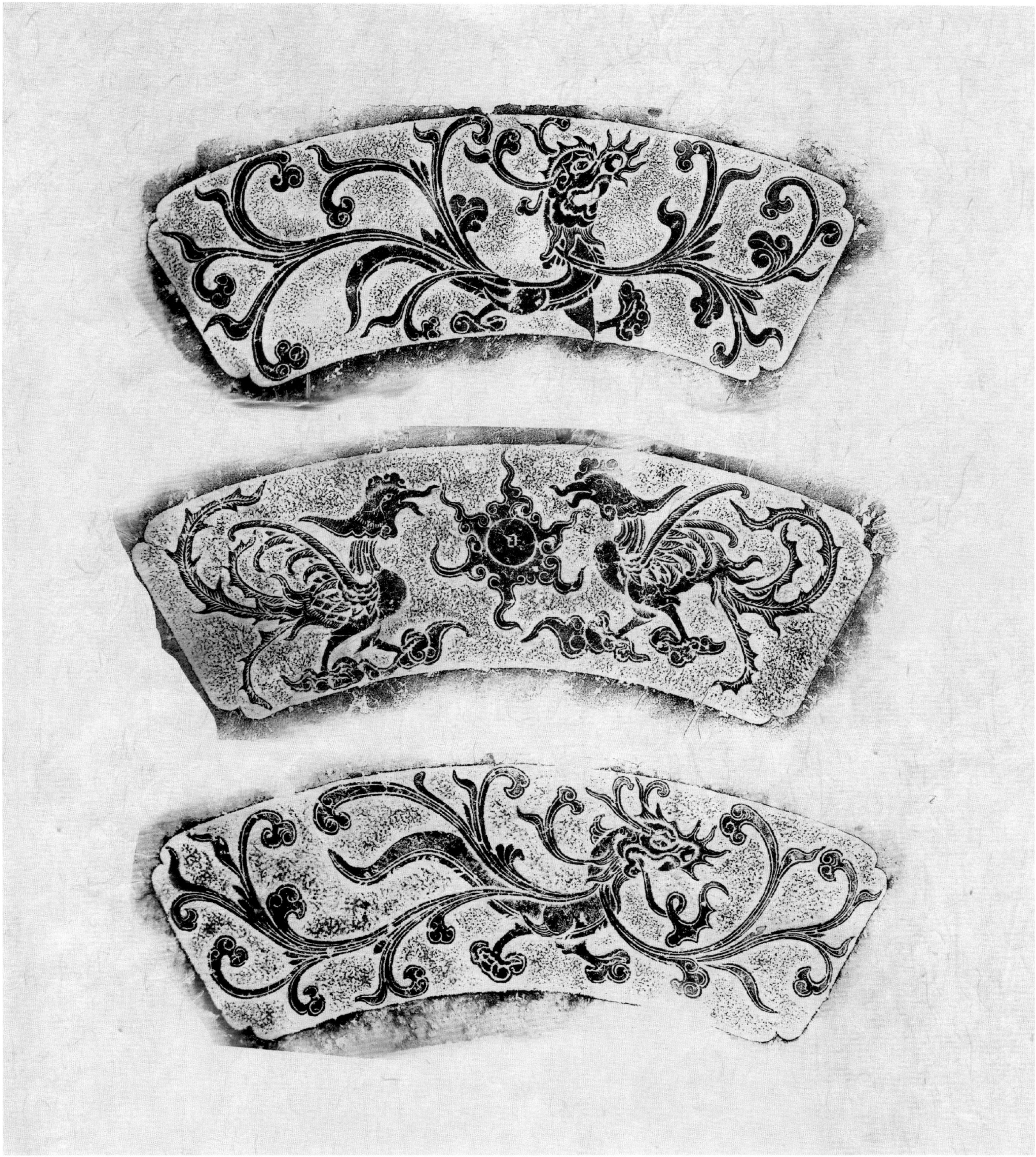

80cmx35cmx3　马坪乡铜盆村刘家祠堂

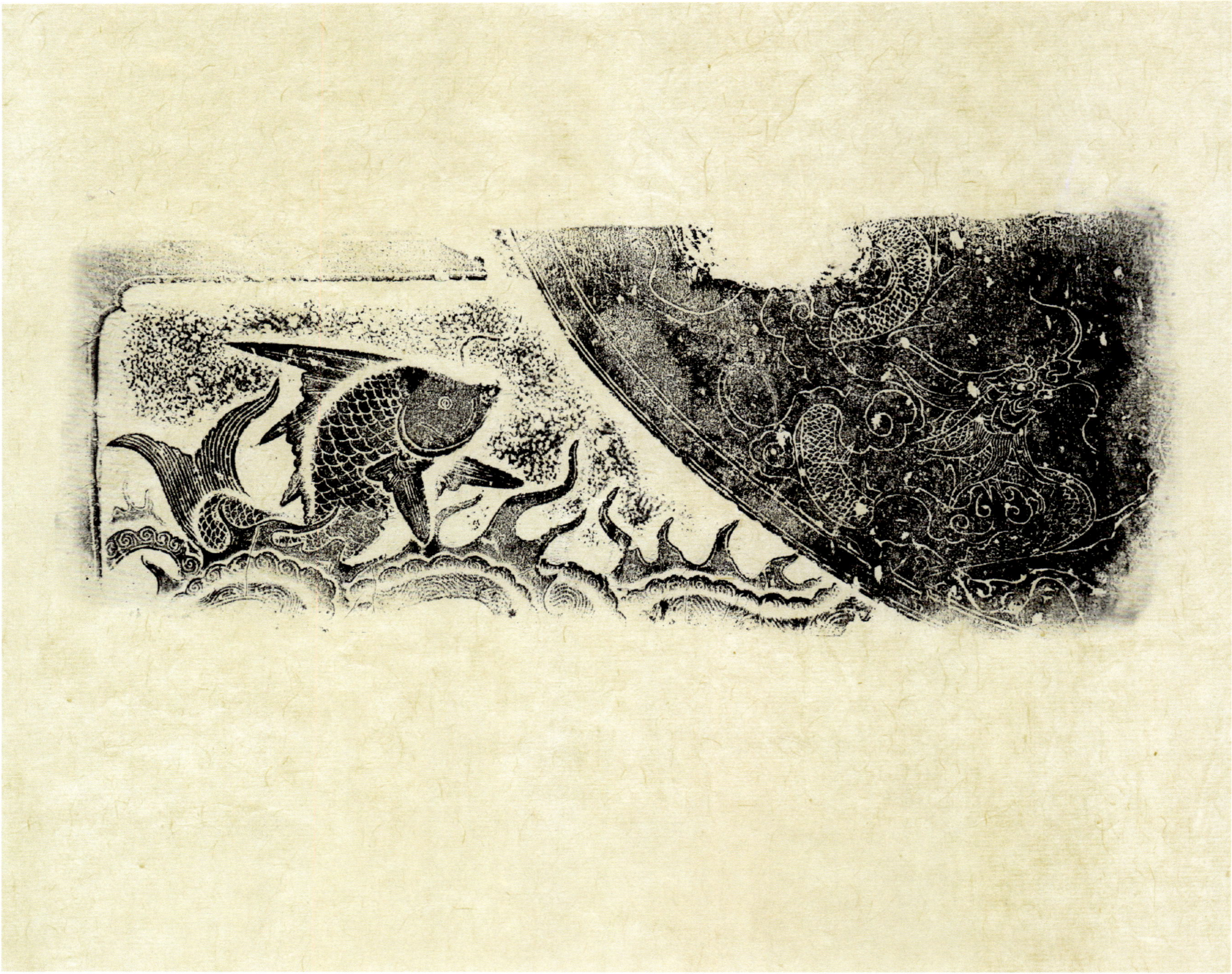

110cmx50cm　马坪乡铜盆村刘家祠堂

180cmx28cmx2　马坪乡铜盆村刘家祠堂

晏田乡林家祠堂　220cmx30cm / 84cmx34cmx2

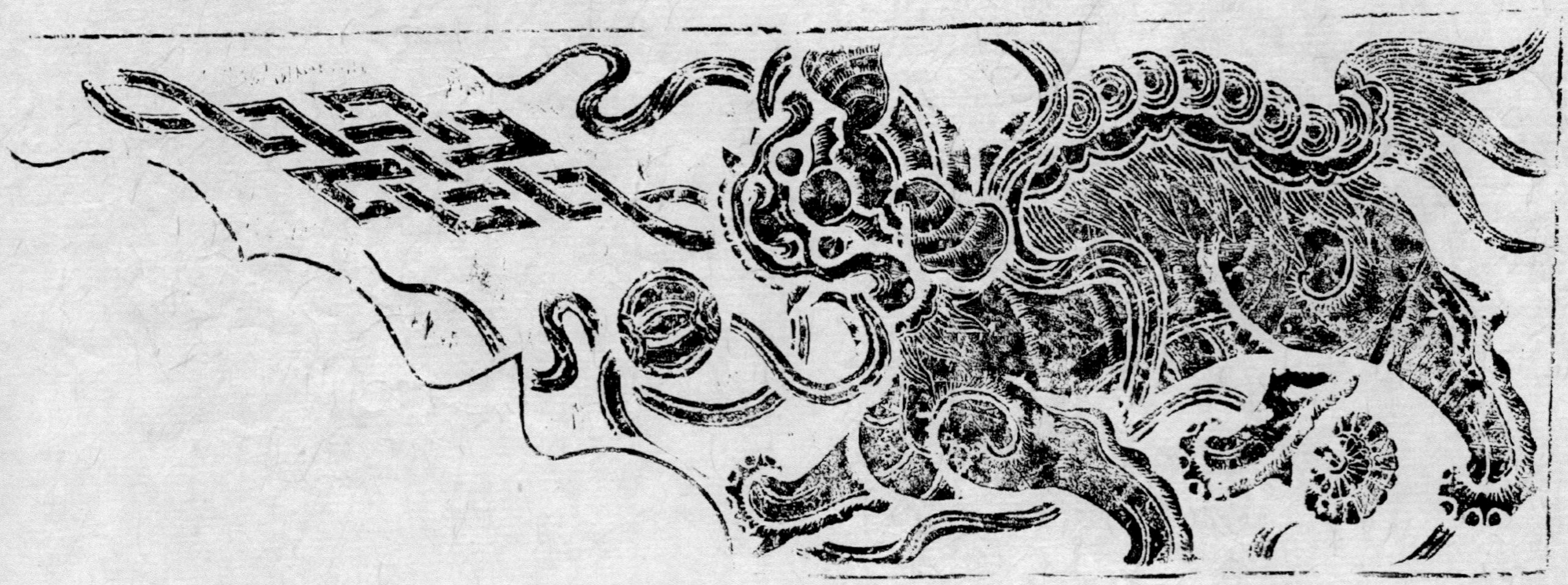

晏田乡林家祠堂 84cmx34cmx2 / 36cmx36cmx2

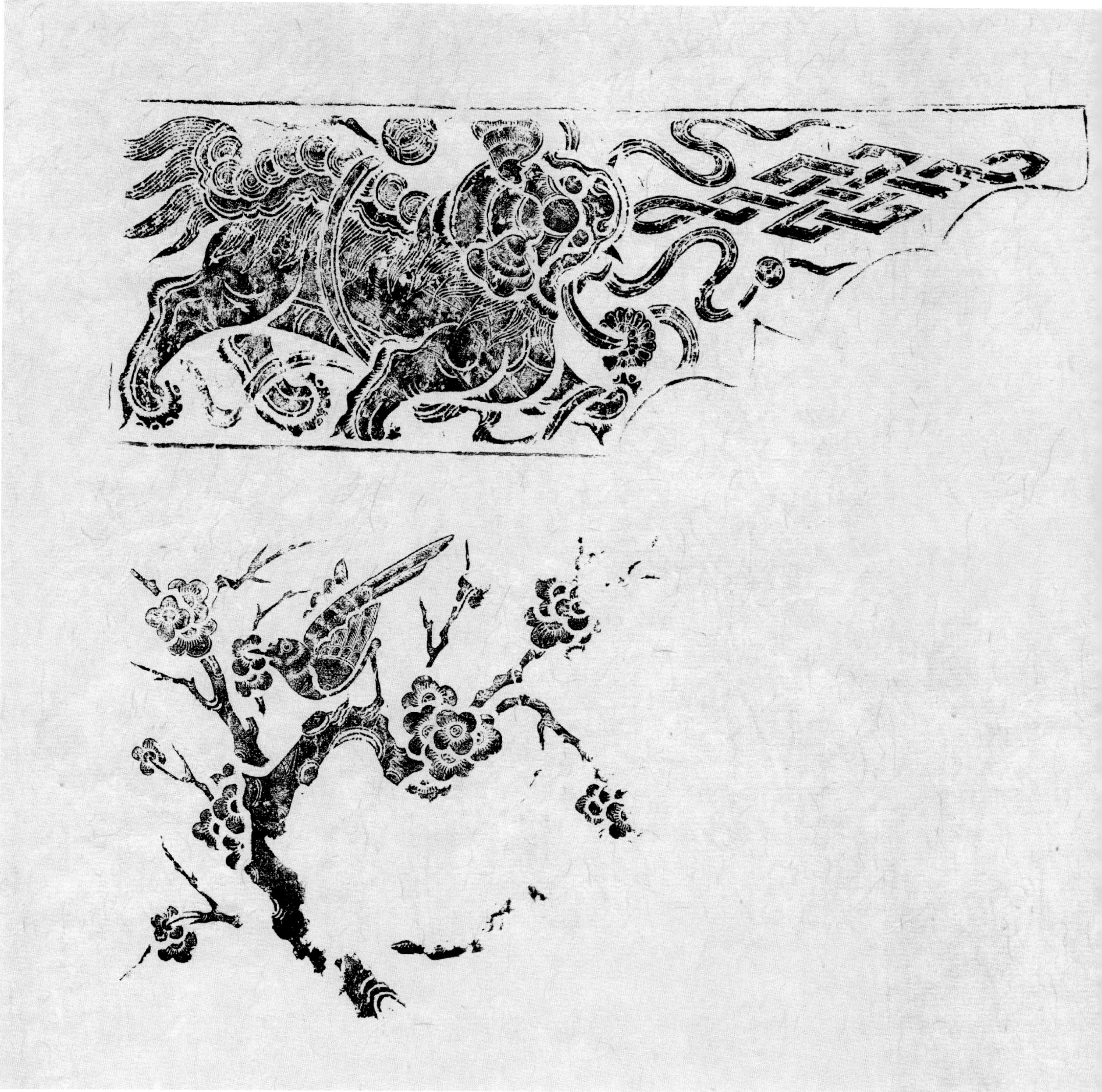

南宋嘉定十五年（公元1222年）石屋摩崖　74x58cm / 74x30cm　迎春亭办事处拦马村

武冈市区张家花园 120cmx30cm

司马冲镇田心村匡家祠堂 20cmx14cmx8

40cmx40cmx4　马坪乡铜盆村刘家祠堂

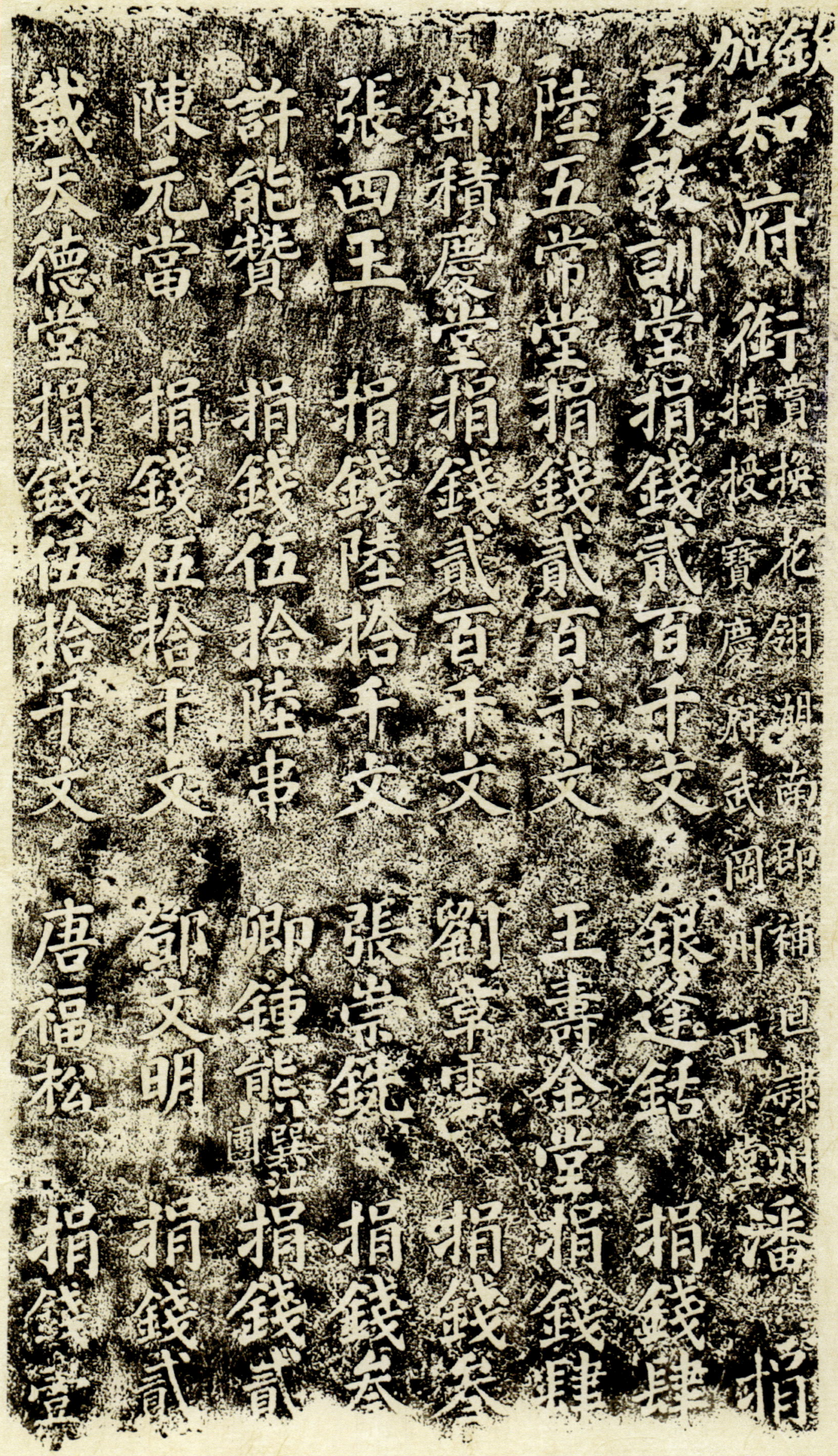
欽加知府銜賞換花翎湖南即補直隸州特授寶慶府武岡州正堂潘　捐
夏教訓堂捐錢貳百千文　銀逢銛　捐錢肆
陸五常堂捐錢貳百千文　王壽全堂捐錢肆
鄧積慶堂捐錢貳百千文　劉章雲　捐錢叁
張四玉　捐錢陸拾千文　張崇鋭　捐錢叁
許能贊　捐錢伍拾陸串　卿鍾能國璽　捐錢貳
陳元當　捐錢伍拾千文　鄧文明　捐錢貳
戴天德堂捐錢伍拾千文　唐福松　捐錢壹

育婴堂捐赠碑　110cmx75cm

欽加清軍府銜署理武岡州正堂張 捐錢貳
誥授榮祿大夫頭品頂戴記名提督龔繼昌 捐錢貳
誥授榮祿大夫記名提督陳希祥 捐錢壹
誥授中議大夫花翎候選道江忠耆 捐錢壹
誥封榮祿大夫花翎即補道鄧仁垣 捐錢伍
誥授資政大夫布政使銜江西記名道鍾世楨 捐錢貳
誥授榮祿大夫二品銜四川儘先題奏道鄧友仁 捐錢貳
同治十三年十月吉日

清同治十三年（公元1874年）育婴堂捐赠碑　110cmx75cm

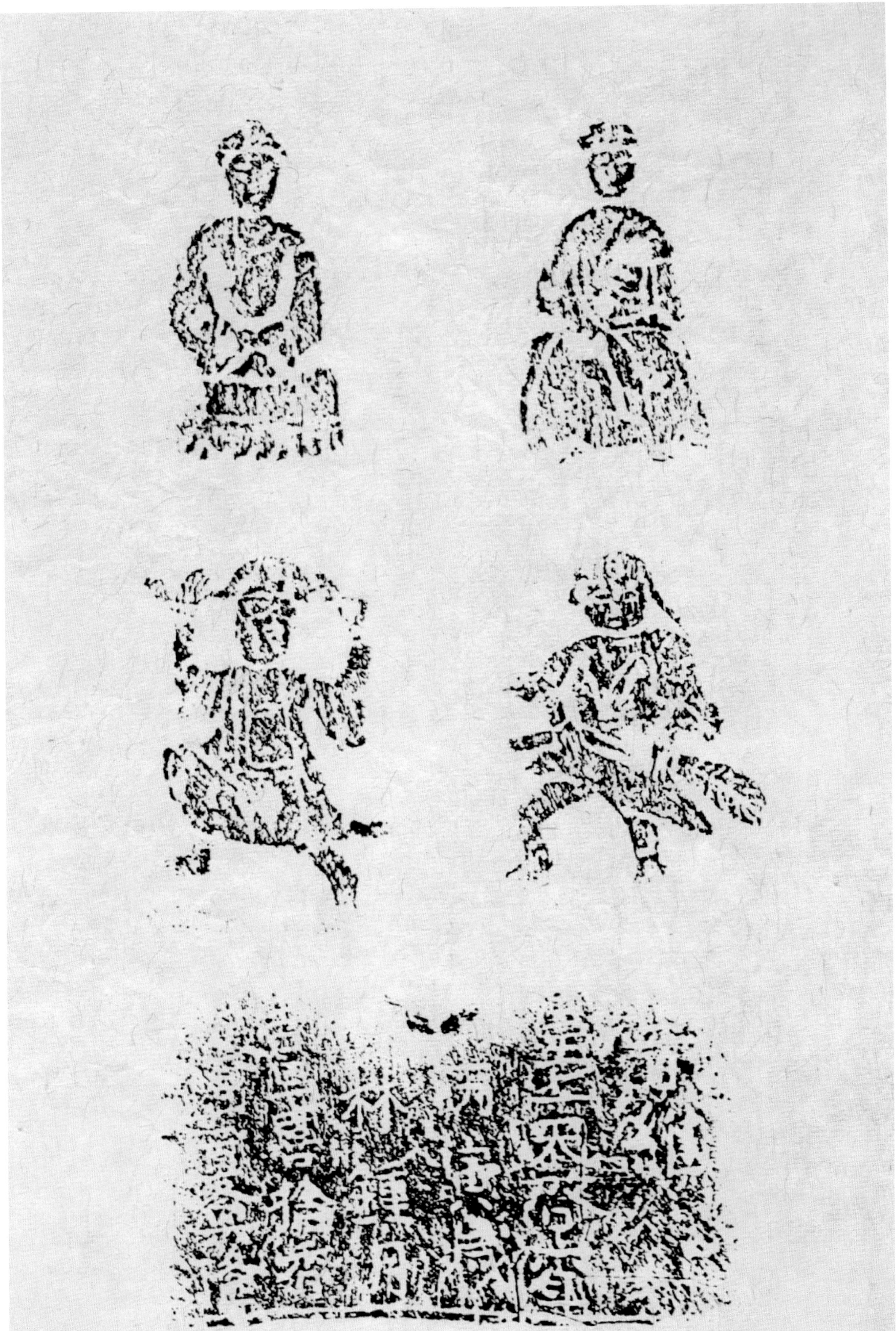

司马冲镇田心村金山殿　17cm×13cm×3

岷国城砖　40cmx7cm

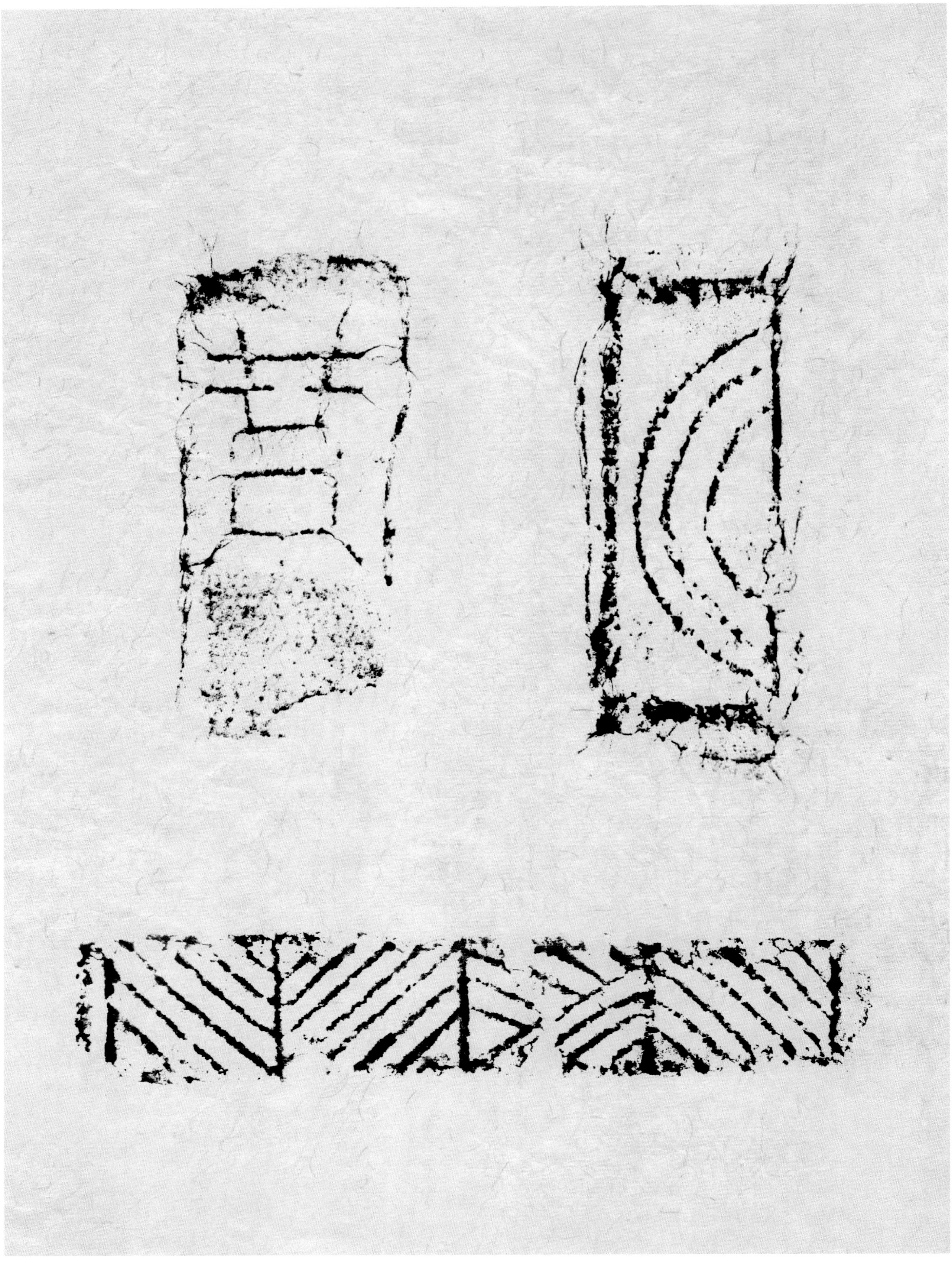

汉砖 30cmx6cm

后记

经过三度寒暑艰辛的奔波与寻访，《寻古传今——武冈摩崖石刻档案》终于完成了搜集、整理和编辑工作，于今得以顺利付梓，我顿感如释重负，且感慨系之。

二十世纪九十年代，我在外地学习古字画修复技艺，每闻外籍人士称赞武冈历史久远、人文积淀深厚之时，心中自豪感油然而生，遂萌生出欲为家乡文化做些事情的念头，且年年岁岁，与日俱增。后来，我回到故土，在古王城里开了一家小店，专事书画装裱。书画界的朋友经常光顾小店，谈古论今，交流技艺，谈得最多的刚好又是武冈的摩崖石刻文化，可谓『英雄所见略同』。为此，2013年我开始了三年的拓片之路，汗水洒遍了故乡的山山水水，苦乐填满了每一个日日夜夜。

武冈摩崖石刻遍布境内的名胜古迹、村庄院落，范围十分广泛，内容博大精深。诗文、楹联、辞赋兼收并蓄，篆、隶、楷、行、草，诸体皆备，异彩纷呈。作品皆是不同时代政治或文化名人所题、所书，多为记事记游、吟咏自然，摹写前贤、抒怀述志之作。其书其刻，或铁画银钩，矫健刚劲；或游云惊龙，洒脱飞扬；或丰筋多力，坚实饱满；或鸾飘凤泊，生动活泼。凡此种种，不一而足。

《寻古传今——武冈摩崖石刻档案》根据地点、内容、形式的不同，精选170幅，分为『法相篇』『云山篇』『浪石篇』『碎玉篇』四个篇章，并力求『原汁原味』地呈现原貌原态，不臆断添减文字和注释。阅读本书，或许可以让您『晓历史』『知兴衰』『察得失』『明礼仪』『长书艺』。

最后，应当特别说明的是，在本书整理编辑过程中，受到武冈市委、市政府的高度重视，市委副书记刘贻银，市委常委、市委宣传部部长曾伟子，武冈市文体广新局局长刘虎云，武冈市文物局局长肖时高给予了极大的关怀与支持，邵阳市文联主席张千山、武冈市原副市长李良时、湖南省作协会员黄三畅亲笔作序，著名书法家周剑初先生题写了书名，李光武、黄三畅、钟国林、张小明先生热情参与了审核校对。对此，我镂骨铭肌，铭感五内。同时，还要衷心感谢我的家人和朋友对我工作的理解、配合与支持。

囿于本人对武冈历史的了解，更因为自己学识浅陋，书中错漏在所难免，尚祈读者朋友不吝赐教。

刘金涛　　2016年12月于石竹堂

寻古传今——武冈摩崖石刻档案

XUNGUCHUANJIN—WUGANGMOYASHIKEDANGAN

编纂：刘金涛

封面题词：周剑初

校对：李光武　黄三畅　钟国林

装帧设计：刘金涛　夏洪波